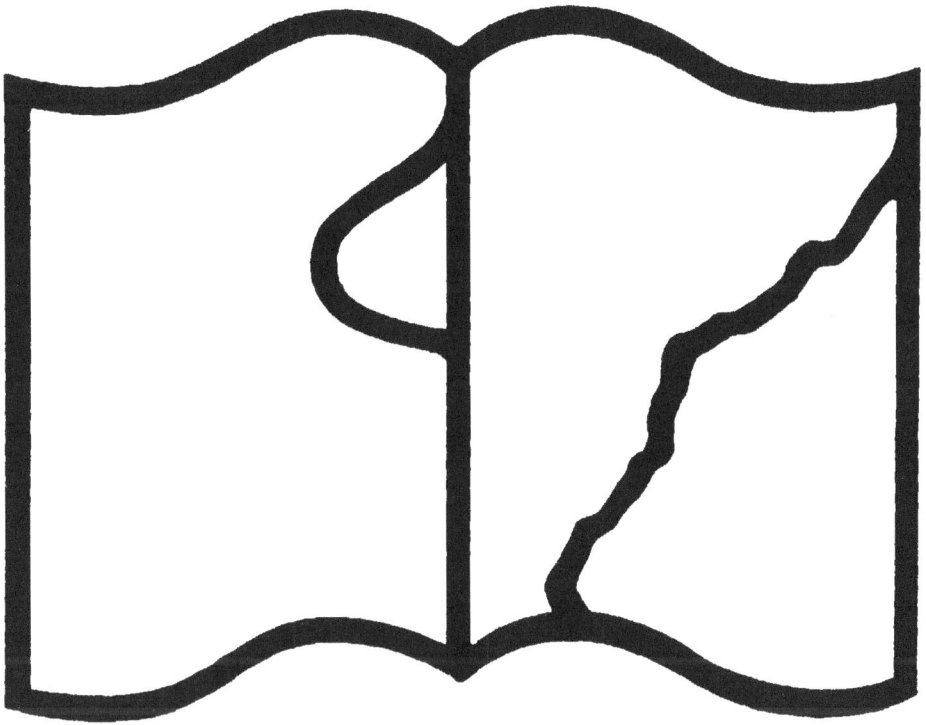

Texte détérioré — reliure défectueuse

NF Z 43-120-11

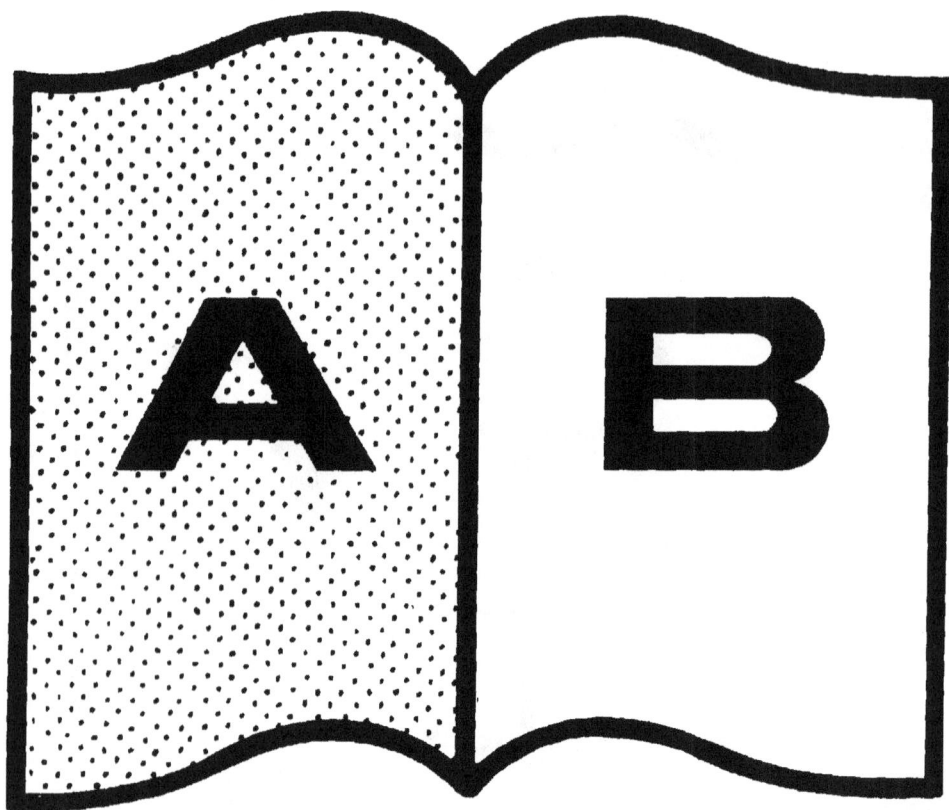

Contraste insuffisant

NF Z 43-120-14

Première livraison **Douze pages par livraison** Chaque livraison suivante
5 Centimes (Chaque livraison renfermera un chapitre entier) **10 Centimes**

LIBRAIRIE BLÉRIOT
HENRI GAUTIER, SUCCESSEUR, 55, QUAI DES GRANDS-AUGUSTINS, PARIS
L'ouvrage sera complet en 15 livraisons

Cette première livraison est **GRATUITE** pour les lecteurs de l'*Ouvrier* et des *Veillées des Chaumières*.

AUX PERSONNES
Qui habitent à proximité d'un libraire

Les livraisons seront mises en vente, chaque samedi, au prix de 10 centimes, chez tous les libraires, marchands de journaux, et dans les gares.

On peut, si on le préfère, acheter l'ouvrage par séries de 5 livraisons réunies sous couverture. Il paraîtra une série nouvelle toutes les cinq semaines. Chaque série sera vendue 0 fr. 50 chez les libraires.

Les livraisons suivantes seront semblables à la première : chacune se composera de 12 pages de texte, sur beau papier, superbement illustrée, et renfermera un chapitre entier.

L'ouvrage sera complet en 15 livraisons.

LA SECONDE LIVRAISON SERA MISE EN VENTE LE SAMEDI 19 AOUT

AUX PERSONNES
Qui n'habitent pas à proximité d'un libraire

Beaucoup de personnes, qui n'habitent pas à proximité d'un libraire, d'un marchand de journaux ou d'une gare, se trouvent, par cela même, presque toujours dans l'impossibilité de se procurer les ouvrages qui se publient en livraisons.

Nous ne voulons pas qu'il en soit ainsi pour **L'ANGE DU BAGNE.** Un ouvrage d'une telle valeur doit être dans toutes les mains.

Moyennant 1 fr. 50 envoyés à notre adresse en mandat-poste ou autre valeur sur Paris, nous expédierons, tous les quinze jours, franco par la poste, deux livraisons de **L'ANGE DU BAGNE.**

On peut aussi écrire sans envoyer d'argent. Dans ce cas, nous ferons recouvrer 1 fr. 75 par la poste. (Les 25 centimes représentent une partie des frais de recouvrement.)

ADRESSER LES DEMANDES

À M. HENRI GAUTIER, ÉDITEUR, 55, QUAI DES GRANDS-AUGUSTINS

PARIS

L'ANGE DU BAGNE

PAR RAOUL DE NAVERY

LIBRAIRIE BLÉRIOT
HENRI GAUTIER, SUCCESSEUR, 55, QUAI DES GRANDS-AUGUSTINS, A PARIS

LES DRAMES DE LA JUSTICE

LIBRAIRIE BLÉRIOT
HENRI GAUTIER, SUCCESSEUR, 55, QUAI DES GRANDS-AUGUSTINS, A PARIS

L'ANGE DU BAGNE

PAR RAOUL DE NAVERY

I

BLEU-DE-CIEL LE VIEUX FORÇAT

Au bagne de Brest, se trouvait, il y a quelques années, un vieillard auquel l'expression de sa physionomie avait fait donner par ses compagnons le surnom de Bleu-de-Ciel. Cet homme avait alors près de quatre-vingts ans ; pas un des surveillants et des gardes-chiourmes ne se souvenait de l'avoir vu arriver ; chacun d'eux l'avait connu calme, paisible et serviable pour tous ; il accomplissait régulièrement sa tâche quotidienne, donnait l'exemple de la subordination à tous, et il était devenu une sorte de règlement vivant.

Si l'on consultait les registres d'écrou et les notes relatives aux condamnés, on apprenait que Bleu-de-Ciel avait été condamné, pour assassinat, à la peine des travaux forcés à perpétuité, à l'âge de vingt-deux ans.

Jamais le vieux forçat n'avait subi de punition ; plus d'une fois on l'engagea à demander sa grâce ; il s'y refusa. L'autorité, trouvant que la justice pouvait adoucir ses rigueurs devant une expiation si longue et supportée avec tant de courage et d'humilité, désirait qu'on y mît un terme ; mais alors les cheveux de Bleu-de-Ciel avaient depuis longtemps blanchi, sa taille s'était courbée, il inclinait vers la tombe, et ce fut lui qui supplia ses protecteurs de le laisser mourir là où il avait vécu.

Du reste, ce n'eût pas été sans regret que l'on eût vu les portes se refermer derrière lui ; sa parole persuasive valait mieux pour le maintien de l'ordre que les sévères règlements de la discipline et le bâton des gardes-chiourmes. Quand un de ses malheureux compagnons sentait la révolte gonfler sa poitrine ; quand les captifs se liguaient

contre leurs chefs ; que les mains chargées de fers se levaient mena-
çantes dans l'ombre, le vieillard allait au milieu des infortunés que les
crimes passés poussaient à d'autres crimes. Il ne parlait pas du terrible
code qui pesait sur eux ; il ne les effrayait point en leur rappelant
quelles peines nouvelles leur seraient infligées ; non, il trouvait dans
son cœur une éloquence toujours nouvelle et toujours persuasive ; il
leur désignait le ciel qui enregistre les repentirs ; il leur montrait
dans le lointain, perdue au milieu des grands bois ou placée sur le
penchant d'une colline, la maison où les pleurait leur vieille mère...,
le toit où une jeune femme en larmes pressait sur son cœur brûlant
des enfants que la loi faisait orphelins...

Et quand cet homme, captif comme eux, traînant comme eux le
boulet d'infamie, et qui, de plus qu'eux tous, avait subi la marque du
fer rouge et enduré les angoisses du pilori, leur prêchait la patience
qui rassérène l'âme, l'espoir qui brille même pour les cœurs flétris,
on entendait un sourd murmure dans la masse compacte de ces misérables ; quelques mains essuyaient furtivement des pleurs ; les têtes
coupables penchaient sur des poitrines gonflées de sanglots ; l'ordre se
rétablissait comme par magie, et le sommeil fermait les yeux des infortunés qui revoyaient dans leurs rêves les tableaux évoqués par
Bleu-de-Ciel.

Aussi, par suite de la douce influence qu'exerçait sur eux le vieil
Aulaire, n'avaient-ils rien trouvé de plus expressif que ce nom de
Bleu-de-Ciel sous lequel seul, alors, il était connu à Brest.

Rien ne répand dans l'âme une sérénité plus douce que la vue de
l'azur profond et limpide du firmament ; la paix semble en descendre,
comme le jour où les anges vinrent l'annoncer aux hommes. Un ciel
noir nous effraie, un ciel gris nous attriste. Nous levons les yeux vers
la voûte céleste pour y chercher un conseil, une promesse, un présage.
Le ciel qui est notre foi est encore maintenant notre guide et notre
conseil. Le coupable n'ose le contempler ; l'innocent lève avec confiance les yeux vers le royaume du Père ; le criminel, qui blasphème,
le menace, comme Julien l'Apostat, de son impuissante colère.
L'homme vicieux le nie, car il en serait effrayé : le ciel est la preuve
de l'Éternité ! le vice ne veut pas y croire...

Le ciel nous instruit, nous réjouit, nous console ; notre âme passe
souvent par les mêmes phases que lui. Une corrélation étrange, mais
irrécusable, existe entre l'homme et cette immensité d'azur sans fond
qui va jusqu'aux limites insondables de ces autres cieux entrevus par
saint Paul.

Or, la présence d'Aulaire avait sur ses compagnons une influence pareille à celle d'un ciel sans nuage. Aulaire les calmait, les égayait, les adoucissait peu à peu, sans paraître prétendre à une domination quelconque. Ils se sentaient aimés et plaints par ce vétéran de la douleur, et leur sympathie farouche allait à lui, comme le torrent sauvage se jette dans la mer immense.

Il y avait plus de cinquante ans qu'Aulaire était au bagne. Il avait bu jusqu'à la lie le calice de la captivité, de l'humiliation, de l'isolement. Il s'était senti lié à des misérables que sa douceur persévérante n'avait pu vaincre. Il avait assisté à ces terribles exécutions pendant lesquelles la mitraille menace les forçats agenouillés... Toutes les angoisses avaient rempli son vieux cœur; toutes les amertumes avaient débordé de son âme; mais une force toute puissante avait triomphé au dedans de lui; les tortures du bagne, le voisinage de ses compagnons, la grande école du crime, les récits des forçats évadés, les forfanteries infâmes de quelques-uns n'avaient pu déraciner l'arbre vigoureux qui étendait ses racines dans le cœur d'Aulaire...

Il était chrétien!

Le jour où il passa le seuil du bagne, avant de prendre sa chaîne et de dormir sur son lit d'infamie, il demanda à voir l'aumônier. L'abbé Pascal était un de ces hommes qui, en choisissant l'apostolat, le comprennent à la manière du Christ et cherchent en ce monde les publicains et les pécheurs. Fils d'une mère vertueuse, riche de son patrimoine, il se voua à une captivité volontaire, renonçant à toute pensée ambitieuse que ses études solides et ses talents eussent rendu bien légitime. Prisonnier avec ses prisonniers, il voulut être le médecin spirituel de ces malades et de ces infirmes. Il ouvrit son cœur apostolique à ces criminels rejetés de tous; il offrit ses prières, ses larmes, ses macérations en expiation de leurs forfaits, et plein d'une céleste confiance, il crut que le Dieu qui lui inspirait une abnégation si grande le récompenserait par le changement de ceux auxquels il se sacrifiait tout entier.

La mère de l'abbé Pascal ne fit entendre aucun murmure indigne d'une mère et d'une chrétienne; elle bénit Dieu de lui avoir donné un tel enfant, et se fixa à Brest où elle pouvait le voir, l'entendre, l'encourager et se réjouir avec lui en voyant germer le grain qu'il semait chaque jour dans le champ aride de son apostolat.

L'abbé Pascal, en succédant au vieil aumônier de Brest, fut vivement ému quand il aperçut Aulaire qui se tenait respectueusement debout devant lui, mais sans crainte. Au premier coup d'œil, et mal-

gré son costume et sa pâleur, il devina que, jadis, cet homme s'était
trouvé dans une position bien différente; le captif comprit la pensée de
l'abbé et, d'une voix tremblante, il lui dit :

— Je souhaiterais me confesser...

— Quel crime vous a conduit ici? demanda le prêtre.

— Quel crime? s'écria Aulaire d'une voix vibrante, en jetant un
regard plein de fierté sur l'abbé Pascal, quel crime!...

Puis, baissant la tête et laissant retomber ses bras, il ajouta :

— Je suis condamné pour assassinat, mon Père !

Le prêtre se dirigea vers le confessionnal.

Ce que dit le malheureux prosterné aux pieds du saint ministre resta
enseveli dans un profond mystère... Mais au milieu des paroles, des
soupirs, des exhortations, des aveux, si l'on entendit des sanglots, ils
ne furent pas poussés par Aulaire; et si des larmes coulèrent, ce fut
le prêtre qui les versa... Quand le prisonnier sortit du confessionnal et
voulut baiser la main de l'aumônier, celui-ci lui ouvrit ses bras et le
serra fraternellement sur sa poitrine. Ce n'était plus l'abbé Pascal qui
consolait, c'était le captif qui parlait d'espérance, et montrait, à travers les vitraux de l'église, le ciel bleu qui brillait au-dessus de leurs
têtes et qui semblait les couronner de l'auréole que Dieu donne aux
âmes résignées.

A partir de ce jour commença la nouvelle vie d'Aulaire; il ne se
rebuta d'aucune humiliation, ne fit entendre aucune plainte, partagea
son pain avec son compagnon de chaîne et s'étendit sur son lit de camp
avec un paisible sourire. Ses lèvres prononçaient tout bas des mots
inconnus de la plupart des malheureux avec qui il devait vivre : des
prières sorties du cœur de David quand il criait vers Dieu du fond de
l'abîme, et qu'il implorait un regard de sa bonté miséricordieuse.

Les mois, les jours se passèrent, les années aussi. Aulaire ne recevait aucune lettre, et nul ne venait le visiter. Quand des étrangers par-
couraient le bagne, interrogeant leurs conducteurs sur les usages de
ce séjour horrible, sur le nom, la condition et les crimes des condamnés, les gardiens, mus par un sentiment dont eux-mêmes ne se rendaient pas compte, évitaient de désigner Aulaire qui, plus d'une fois,
reconnut sans doute quelques-uns de ces étrangers, car souvent il se
troubla comme le jour où il vit l'abbé Pascal.

A ses heures de loisir, Aulaire prenait tour à tour de l'ébène, de
l'ivoire ou des noix de coco; il les travaillait avec la perfection d'un
artiste, déroulant des fantaisies charmantes, créant des statuettes d'un
fini délicieux, inventant des motifs gracieux pour ses coupes, ses

candélabres, ses boîtes à parfums. Ne voulant point lui-même vendre
ses travaux, il les confiait aux gardiens, et ceux-ci ignoraient que du
produit de ces petits chefs-d'œuvre il secourait la femme ou la mère
de l'un de ses frères en souffrance. Pour Aulaire le régime de la prison
était suffisant; il ne demanda jamais ni un soulagement, ni une faveur.
Quand, touché de sa patience, de sa jeunesse, de sa bonté, un gardien
lui offrait un adoucissement, il trouvait toujours moyen de recommander un de ses camarades, et tout en remerciant le surveillant, il
le refusait afin d'alléger les maux d'un plus malheureux que lui.

Pour les chefs du bagne, Aulaire restait une énigme. Quelques-uns
de ses camarades l'accusaient d'être un espion, un agent secret de
l'autorité, tout disposé à les vendre et à dénoncer leurs complots.

Pour les misérables dont le sang avait souillé les mains et dont le
regard fauve semblait encore voir leur victime palpitante, Aulaire
était un frère en scélératesse, un frère digne toutefois d'une certaine
considération, car les circonstances dans lesquelles il avait accompli
son crime prouvaient un grand sang-froid, une rare présence d'esprit,
un calme que rien n'avait pu altérer, et cette énergie qui fait les
grands hommes et les grands coupables.

Quelques captifs hasardaient bien entre eux une opinion diamétra-
lement opposée, mais ils ne la communiquaient point à la foule, et
n'osaient l'émettre que dans le cercle intime où Aulaire avait ses camarades préférés; ceux-là étaient les plus à plaindre.

L'abbé Pascal ne tarda pas à s'apercevoir de l'aide qu'il recevait de
son obscur auxiliaire. Les amis du forçat ne repoussaient ou du moins
n'insultaient jamais le prêtre. L'exemple de leur camarade les touchait; ils se découvraient devant l'aumônier avec respect.

Le repentir suit de bien près le sentiment que l'on a de sa chute;
on ne rougit pas sans éprouver le regret de sa faute. Si le respect
humain retenait quelques-uns de ces hommes, un grand nombre déjà
se sentaient attirés vers l'abbé Pascal dont la charité fraternelle trouvait des mots, des élans, des cris, des appels, auxquels ces malheureux, plongés vivants dans un abîme de désespoir, ne pouvaient résister. Et quand une de ces natures mauvaises, rebelles, railleuses et
perverses luttait contre la pénétrante douceur de sa parole, le prêtre
se jetait à genoux, tendait ses bras vers la croix et s'écriait d'un accent plein de larmes : « O divin Maître! vous n'avez pas permis que
nous posions les pieds sur le chemin où s'ensanglantèrent les vôtres!
pour expier les crimes du monde, vous avez accepté le jugement inique des hommes, la condamnation, les chaînes, le fouet, les soufflets,

A l'âge de vingt-deux ans, il avait été condamné pour assassinat (*Voir page* 2).

la route du calvaire, trois heures d'agonie, la mort, la mort épouvantable, même pour votre humanité sacrée !... Et nous, vos apôtres, vos
disciples, nous ne pouvons prendre sur nous la peine méritée par ces
hommes, accepter les tortures, tendre nos mains à leurs chaînes, livrer nos pieds à leurs lourdes entraves, revêtir leur livrée et leur crier
avec l'accent de triomphe d'une sainte immolation : Soyez libres ! nous
payons votre rançon ! soyez heureux ! nous nous faisons *raca* aux yeux
du monde pour l'amour de vous ! soyez bénis ! nous adoptons votre opprobre ! »

Et, vaincus par le sentiment surhumain qui rayonnait sur le front du prêtre, les fils du bagne tombaient à ses pieds pour demander grâce et pardon à celui qui brûlait d'épancher sur leurs fronts humiliés les trésors de l'indulgence et de la grâce.

Des scènes émouvantes et pleines de consolation se renouvelaient ainsi pour l'abbé Pascal. Il ouvrait ses bras aux coupables, et ces coupables devenaient ses frères.

Alors, au moment de les quitter, il leur disait à voix basse :

— Priez pour Aulaire... Il a prié pour vous!

— Oui! répondaient les malheureux, oui, monsieur l'abbé; il a prié puisque nous sommes ici... Après vous, c'est l'ange du bagne, et nous savons que penser désormais!

L'abbé Pascal mettait un doigt sur ses lèvres, et le forçat n'achevait pas sa pensée.

Ce que nous venons de dire explique l'influence que possédait Bleu-de-Ciel, quand cinquante années eurent fait d'Aulaire, le jeune condamné, un vieillard à cheveux blancs que la mort semblait hésiter à frapper, sans doute afin de laisser longtemps, dans ces lieux d'opprobre, un exemple de vertu et de courage.

. . . .

Parmi les tailleurs de pierres qui se faisaient remarquer dans le chantier par leur assiduité, on pouvait citer Pemzek, dont l'exactitude était citée en exemple à tous les autres ouvriers.

Pemzek ne se liait avec aucun d'entre eux; il n'entrait jamais dans un cabaret, causait rarement, et seulement pour ne point paraître insociable. Il était absorbé par une seule pensée : sa jeune femme, Tina, et ses quatre enfants souffraient du froid et de la faim dans un grenier.

Un jour que Pemzek travaillait à sa tâche quotidienne, ne s'arrêtant même pas pour essuyer la sueur qui coulait de son front, il entendit un condamné chanter lentement et à mi-voix cette chanson si populaire en Bretagne :

> Je suis natif du Finistère,
> A Saint-Pol j'ai reçu le jour;
> Mon pays c'est l'plus beau d'la terre,
> Mon clocher l'plus beau d'alentour!
> Aussi je l'aimais
> Et je l'admirais,
> Et tous les jours qu'Dieu faisait, j'me disais :
> Que j'aime ma bruyère
> Et mon clocher à jour!

— Compagnon, demanda Pemzek, en s'avançant vers le forçat, vous êtes Breton ?

— De Saint-Pol, évêché de Léon. Et vous?

— Moi aussi, compagnon. Aussi ce refrain que vous dites me remue le cœur plus que je ne saurais dire. Cette chanson, ma mère la répétait autour de nos *bers*, le père la renvoyait de lande en lande aux bouviers. Et puis, elle dit tant de choses, cette chanson!...

— Comment vous appelez-vous? demanda le condamné.

— Pemzek.

— Moi je me nomme Loïc : Eh bien! Pemzek, cette chanson est mon histoire. Et il reprit plus triste et d'un accent que les larmes rendaient plus sourd :

> Quand on me dit que pour la guerre
> Il fallait quitter mes amours,
> La métairie et mon vieux père,
> Et partir au son du tambour. .

Le malheureux ne put continuer, et cachant sa tête dans ses mains, il pleura.

— Pauvre Loïc! dit l'ouvrier en essuyant une larme, ne désespérez pas. La pire des souffrances n'est pas celle que l'on endure...; on est homme et accoutumé à cela. Mais voir pâtir les autres..., s'entendre demander du pain que l'on ne peut donner faute d'argent..., s'apercevoir que sa femme, sa pauvre jeune femme pâlit et s'exténue sans parvenir à nourrir ses petits innocents, voilà une douleur que vous ignorez, compagnon, et que je trouve chaque soir vivante chez moi!

— Vous êtes marié, Pemzek?

— Voilà six ans passés de la Noël.

— Combien gagnez-vous?

— Trente sous.

— Et vous êtes?...

— Six, Loïc. Ah! s'il ne fallait que traîner la chaîne des galériens, être attaché au banc de nuit, sentir le bâton des chiourmes, entendre les insultes de la foule et subir le mépris pour arriver à donner du pain à mes enfants!... Mais je ne le puis pas, Loïc; sans cela, je vous dirais : Soyez libre! je me fais forçat par amour pour eux!...

Des larmes coulaient des yeux du soldat; il demeurait immobile, la tête baissée, courbé devant la douleur du père de famille.

— Il y a un bon Dieu! murmura Loïc en désignant le ciel au tailleur de pierres; il y a aussi une vierge Marie qui a pitié des pauvres mères et des petits enfants.

— Dieu vous entende, compagnon!

— Dieu vous console, Pemzek.

L'heure de se séparer, était venue. Les condamnés rentrèrent au bagne, le travailleur demeura courbé sur son bloc de granit, soulevant avec effort le pic d'une main alourdie. Quand la nuit fut venue, il ramassa ses outils dans son sac, le jeta sur son épaule et courut vers sa demeure.

Pemzek habitait le grenier d'une maison noire, lézardée, trouée, où les fenêtres manquaient de vitres, et dont les marches disjointes de l'escalier criaient sous les pas.

Lorsqu'il ouvrit la porte de sa demeure, Tina tenait ses deux plus jeunes enfants serrés contre son sein ; les deux autres se blotissaient à ses côtés. Au bruit que fit son mari elle leva la tête, essuya ses yeux, posa ses enfants à terre, et prenant les deux mains de son mari :

— Il faut quitter ce grenier, dit-elle.

— Le quitter ! s'écria Pemzek avec un accent de regret aussi grand que s'il se fût agi d'abandonner un palais, et pourquoi ?

— Le propriétaire est revenu, nous lui devons une année...

— C'est vrai !

— Une année de loyer, cela fait soixante francs !

Le tailleur de pierres se pressa le front à deux mains.

— Rien ! rien ! dit-il, nous avons tout vendu, tout mis en gage ; mon salaire ne suffit pas pour notre nourriture, et si les hommes flétris au milieu desquels je travaille ne me donnaient pas quelquefois un peu de leur ration, je ne sais pas, Tina, ce que toi et nos enfants vous deviendriez...

Les pauvres petits tendirent vers le père leurs mains enfantines et balbutièrent : Du pain !

Pemzek tira un pain, le coupa en trois parts égales : une pour eux, dit-il, une pour toi...

Les enfants avaient à peine fini cette part insuffisante qu'ils répétèrent :

— Du pain !

La mère leur donna la sienne, les berça sur son cœur, les endormit et demeura muette auprès de Pemzek qui n'avait point touché à sa part d'aliments.

Partageons, Tina, lui dit-il... le jour de nos fiançailles, tu te souviens que tu me présentas le pain et le vin emblèmes de l'abondance du ménage... c'était à moi d'entretenir ce bien-être, et je n'ai pas pu... Dieu a compté mes efforts sans doute, il sait pourquoi je succombe à la peine...

Puis, revenant à la terrible nouvelle annoncée par sa femme :

— Et maintenant il nous faut partir! Partir! répétait-il; où te con-
duirai-je, toi et eux?... tu as la fièvre, Tina..., tu peux à peine te soutenir, où cacherons-nous notre dénûment?

— Dieu le sait, répondit-elle.

La pauvre jeune femme grelottait; elle ramena sur elle une vieille
voile trouée, en couvrit ses pauvres petits, tandis que l'ouvrier, s'asseyant au pied du grabat de sa femme, prenait ses pieds glacés dans ses
mains pour les réchauffer.

La nuit s'écoula ainsi, une nuit qui leur sembla sans fin. Lorsque
le jour parut, Pemzek se rendit au chantier et exposa sa position au
contre-maître :

— C'est fâcheux! très fâcheux! lui dit celui-ci, mais je n'y peux rien.

A huit heures les forçats arrivèrent; Pemzek travaillait avec une
ardeur machinale. Le pic retombait lourdement sur le granit, la pensée de l'homme était loin. Une voix le rappela à lui-même; cette voix
mélancolique disait :

> Rendez-moi ma bruyère
> Et mon clocher a jour!

— Loïc? dit l'ouvrier, comme s'il eût prononcé le nom d'un frère.
Un instant après, le soldat de Saint-Pol serrait la main du manœuvre.
Le forçat passa sur le bloc de pierre une poignée de gros sous et de
petites pièces blanches :

— Voilà pour les petits, dit-il.

Pemzek voulut repousser l'argent.

— Est-ce par mépris? demanda Loïc, cet argent vient des militaires à qui j'ai raconté vos malheurs!.. Vous pouvez accepter...;
d'ailleurs, plus celui qui donne est pauvre et malheureux, plus noble
et plus grande est son aumône. Je sais bien qu'un homme, un ouvrier
ne reçoit point de secours tant qu'il possède de bons bras et des outils ;
mais Tina et vos enfants endurent des privations que vous n'avez pas
le droit de prolonger...

— Loïc, répondit Pemzek, je ne refuse pas par fierté, et mon cœur
vous remercie...; mais la somme dont vous vous privez, vous et vos
généreux compagnons, vous enlève pour longtemps des adoucisse-
ments au régime du bagne, et ne suffirait pas pour nous sauver.

— Combien vous faut-il donc?

— Soixante francs pour payer le loyer, faute de quoi nous sommes
mis dans la rue.

— Soixante francs, répéta le militaire... tenez, Pemzek, j'ai mon idée... Acceptez toujours cet argent, c'est du pain en attendant mieux ; quant à votre propriétaire, faites-le patienter huit jours, et tout ira bien.

Le tailleur de pierres essaya de faire quelques objections, mais Loïc ne voulut rien entendre, et après avoir promis à son ami de venir plus efficacement à son secours, il le quitta le soir le cœur moins triste, en songeant qu'il venait de mettre un peu de baume sur les blessures de ce cœur malade.

Loïc rentra au bagne, soucieux et pensif. Il occupait un banc qu'entouraient ceux de quelques autres militaires ; avant de s'endormir, le conscrit de Saint-Pol les rassembla pour leur demander :

— Celui qui voit souffrir un homme, père de quatre enfants, et qui, au prix de trois années de liberté, soulage sa détresse, rachète-t-il ainsi la faute unique qu'il a commise ; se conduit-il en bon pays, en bon frère, en bon chrétien, en vrai Breton ?

— Oui, répondirent les soldats condamnés ; la consigne de tout homme, est : Aime ton prochain comme toi-même.

— Plus que toi-même, ajouta derrière eux une voix grave.

C'était l'abbé Pascal qui traversait l'immense salle et donnait le bonsoir aux prisonniers.

Loïc se glissa sous sa couverture, le bruit de ses fers ne le fit même pas frissonner, une pensée généreuse enflammait son âme.

Au loin, sur le port, le biniou de Tennaëc jouait à la grande joie des matelots l'*hanhini goz*, au son duquel les mains s'unissaient pour la farandole, et dont les pieds légers suivaient la mesure, en dansant les joyeux bals.

— Trois ans de plus sans les revoir ! trois ans de plus ici ! mais la voix de l'abbé Pascal est la voix de Dieu ; quand mon cœur hésitait en face du dévouement, il m'a dit : Aime ton prochain plus que toi-même ; Monsieur Allan, notre recteur, m'aurait tenu le même langage. Ah ! ma chère Marianic, pauvre petite sœur blanche comme les primevères des bois, et vous, Gaït, si modeste et si sage, et mon père, et ma mère et vous tous qui m'aimiez, encore six ans d'attente !

Mais Loïc ne pleura point, soutenu par une grande pensée, il reposa aussi paisiblement sur son banc que s'il se fût endormi dans un courtil en fleurs, à l'ombre des grands pommiers.

Deux gendarmes entrèrent aussitôt dans la cautine (*Voir page* 18).

II

LE MAL DU PAYS

Loïc ne chantait plus, posté devant le tailleur de pierres, il gardait un morne silence ; ses mains nerveuses abandonnaient l'outil de manœuvre ; Pemzek s'en aperçut.

Compagnon! lui dit-il, tu me caches ta peine ; suis-je indigne de ta confiance?

— Non! répondit brièvement le soldat.

— Ouvre-moi ton cœur, alors et, franc comme un Breton, dis-moi ce que tu retournes dans ta pensée?

— Jamais, Pemzek, ne me demande pas des choses impossibles; je voudrais me cacher mes idées à moi-même.

— Tu avoues que tu en as?

— Moi! tu te trompes, ami; c'est la gêne qui me tombe sur le cœur, les fers qui me blessent les pieds, voilà tout!

— Ce n'est pas cela, pays!

La pâle et triste figure de Loïc se couvrit de rougeur, ses yeux bleus se voilèrent; il secoua la tête par un mouvement qui lui était habituel autrefois, et au moyen duquel il renvoyait en arrière ses longs cheveux blonds; ses lèvres remuèrent et ses mains laissèrent tomber son outil. Enfin il éclata :

— Eh bien non! Pemzek, je mens ; je voudrais me tromper moi-même : depuis trois jours mon mal me reprend... Un mal sans nom, un désir fou, un besoin qui me tue... Le biniou du sonneur, l'as-tu entendu hier, pendant la nuit? Ce biniou me parlait de ma Bretagne si chère, de mon église de Saint-Pol, et du cimetière du village... Il me répétait les chansons de la filerie, les cantiques de Noël, les *sones des pennerès*, les *guez* des mendiants... Il me transportait auprès du *ber* de mes sœurs et du rouet de ma mère... Il m'apportait une bouffée du vent frais qui court sur la lande, tout parfumé de l'odeur des blés noirs et du parfum âcre des saussaies... J'écoutais : c'était la chanson de la *Fille au coupeur de paille, les Bretons de la Basse-Bretagne*. Mon cœur battait dans ma poitrine ; je me croyais là-bas dans mes champs de seigle, entre les haies de prunelliers ou à l'ombre des vieux chênes. C'était sans doute Tennaëc, le vieux Tennaëc si populaire dans le Léonais, le Morbihan et le pays de Tréguier, et lorsqu'il a ramené sur son biniou l'*hanini-goz*, je me suis senti comme attiré par une force invincible qui, je le sens, finira par m'entraîner encore jusqu'à Saint-Pol. Ah ! mon pauvre Penzek, je puis te le dire, à toi qui dois me comprendre : cet air m'a rendu insensé... la première fois que, soldat, je l'entendis, je désertai mon poste... et maintenant que, prisonnier, il arrive à mon oreille, je rêve la liberté, les bois, les roches tremblantes, et je me dis : Une lime, un ami, une heure de hardiesse et je serais sauvé!

Pemzek le cœur remué, écoutait le forçat avec un mélange de terreur et de joie.

— C'est vrai, dit-il, tu pourrais t'évader : une lime...

— La voici! dit Loïc en montrant un outil d'acier d'une grande finesse.

— L'ami..., murmura le tailleur de pierres...

— Ce sera toi! dit le soldat.

L'ouvrier répondit simplement :

— Je n'ai pas le droit de dire à la loi : Tu es injuste! Les lois sont faites par des gens qui en savent plus long que nous... Je te croyais résigné à subir ta peine, et quelque rude qu'elle soit, j'estimais que tu avais raison... Mais tu as donné du pain à mes enfants mourants ; grâce à toi, j'ai pu acheter des remèdes pour ma femme... de tels services ne s'oublient jamais. Si tu as jeté les yeux sur moi pour t'aider, je t'aiderai...; et si je fais mal, que le bon Dieu et sainte Anne d'Auray me prennent en miséricorde, car je crois acquitter une dette sacrée de reconnaissance.

Loïc sourit et tendit la main à l'ouvrier.

— Je comptais sur cette parole; de Breton à Breton on donne sa vie.

— Quand veux-tu partir?

— Demain.

— Que te faut-il?

— Un costume d'ouvrier semblable au tien.

— Tu l'auras.

— Tu m'attendras dans la cantine située à côté des corderies, derrière le chantier ; là je pourrai changer de costume.

— C'est entendu?

— Tu auras le costume et j'agirai comme tu le désires; je prie Dieu d'empêcher que tu ne sois repris.

— Tu fredonneras notre air du Léonais pour m'avertir de ton arrivée et je te répondrai.

— Au revoir, Pemzek.

— A demain, Loïc, et que Notre-Dame bénisse notre entreprise !

Le lendemain, Pemzek apportait un paquet à la cantine; puis il passa d'un autre côté du chantier, sans que personne l'aperçût et, pendant une heure qui lui sembla mortelle, il mania le pic à l'endroit où Loïc venait le rejoindre quand il travaillait. Il ramassa ensuite ses outils, abaissa son chapeau sur ses yeux, sortit ostensiblement, et, sans presser le pas, gagna les corderies qui longent les quais. Sans cesser de chercher son ami des yeux, le tailleur de pierres fredonnait :

— Que j'aime m bruyère !

Une voix bien connue lui répondit :

— Et mon clocher à jour !

— Enfin ! dit l'ouvrier, j'ai cru que tu n'arriverais jamais... tiens, prends le paquet de hardes qui favoriseront ta fuite, bois ce verre de vin et trinquons à la réussite. Adieu, Loïc, voici ta route,... suis la côte ; la mer te sera hospitalière et bonne, elle te nourrira, t'enverra des varechs pour ton lit, te fera place pour dormir dans les grandes roches, et tu gagneras à petites journées le pays breton où j'espère aller mourir avec Tina... Voici un pain blanc, du fromage et ma gourde ; hâte-toi, frère..., l'heure est propice, la nuit descend... Voici le moment où la chaîne rentre au bagne ; on peut s'apercevoir de ton absence, le canon crierait partout qu'un malheureux vient de s'évader et tu serais repris...

— Je le désire... répondit Loïc devenu grave.

— Tu le désires ?

— Alors tu ne veux plus t'évader ?

— Non, Pemzek ; à ton tour, écoute-moi, et jure sur la vie de Tina et de tes enfants de m'obéir.

— Je te le promets.

— Sur leur tête !

— Foi de Breton.

— C'est bien ! Te souviens-tu de m'avoir dit, il y a quelques jours seulement : Notre propriétaire est impitoyable ; nous allons être chassés de notre réduit misérable, faute de pouvoir lui payer soixante francs de loyer ? ..

— C'est la vérité...

— Le pauvre Loïc n'avait que peu d'économies ; il les joignit à celles de ses compagnons... toutes leurs épargnes formèrent onze francs ! misère pour le riche, somme énorme pour le forçat qui gagne un ou deux sous par jour.., et cependant il te fallait soixante francs ! On n'est pas Breton pour rien, ce n'est pas en vain qu'on parle la même langue et qu'on a, tout enfant, prié dans la même église... je roulai une nuit entière cette pensée dans ma tête, je demandai à Dieu de m'éclairer, il est bon, il m'envoya une idée...

— Quelle idée ? demanda Pemzek inquiet.

— Quand un condamné s'évade, reprit Loïc de la même voix douce et mesurée, il est puni de la bastonnade, c'est-à-dire de trente coups à cinquante, s'il est repris dans l'enceinte de l'arsenal ; de trois ans de prolongation, s'il est condamné à temps ; de trois ans de double chaîne, s'il est condamné à vie.

— Allons donc, Loïc, hâte-toi ! pas d'imprudence ! si l'on venait à suivre tes traces...

— Ne m'interromps pas, Pemzek, si le forçat évadé est puni, on récompense celui qui le livre : cinquante francs si on le saisit dans l'enceinte de l'arsenal, cent francs pour le forçat pris en ville. Or, la cantine est juste en dehors de l'arsenal...

En ce moment, trois coups de canon retentirent aux oreilles épouvantées du tailleur de pierres.

Ces pièces étaient dirigées vers la campagne, afin qu'à ce signal bien connu, les paysans pussent se mettre en chasse et capturer le malheureux que trahissait une dernière espérance.

— Tu es perdu ! balbutia l'ouvrier.

— Je te sauve ! s'écria Loïc en lui serrant les mains... Laisse-moi compléter ma pensée : il te fallait soixante francs, Pemzek ; la loi t'en accorde cent .. Tu te diras, le soir et le matin, en priant Dieu dans ton grenier, que le malheureux conscrit de Saint-Pol n'avait rien de plus à t'offrir que le prix de sa liberté !

— Le prix de ton sang ! fit Pemzek, tu as cru que je l'accepterais, et que, comme Judas, je vendrais mon ami ! Mépriserais-tu les Bretons maintenant, Loïc ? Parce que je suis pauvre, me penses-tu capable de commettre une infamie ? Que jamais un morceau de pain n'entre dans ma bouche si je suis assez lâche pour te vendre, et payer ma dette en te livrant...

— Je ne t'ai point cru lâche ! dit Loïc en regardant l'ouvrier en face ; j'ai médité cette action, et ma volonté sera plus forte que la tienne... Il faut un abri pour Tina et tes enfants... Accepte celui que t'offre la Providence... Trois ans se passent, Pemzek, et ta famille n'attendrait pas un mois seulement... Tu as entendu la voix d'alarme... on me poursuit... des pas se font entendre non loin de nous... Saisis-moi les deux mains, et sois sans peur comme sans honte : Dieu juge le sacrifice que tu fais à ta famille, comme il pèse celui que j'accomplis pour mon ami...

Des cris se faisaient entendre, des canots partaient dans toutes les directions, les gendarmes se partageaient les divers postes de la ville.

— C'est affreux ! s'écria Pemzek, c'est horrible ; essaye au moins de profiter de cette folie, je refuse ton sacrifice, mais il faut qu'à tout prix tu leur échappes... A la garde de Dieu, Loïc !

Le soldat emprisonna vivement les mains de Pemzek dans les siennes.

— Je suis plus fort que toi, dit-il, cède... on vient... Cède au nom de Tina !

— Tina aimerait mieux cent fois mourir plutôt que de toucher à cet argent maudit !

— Le voilà ! le voilà ! crièrent des voix ; le galop de plusieurs chevaux retentit, deux gendarmes entrèrent aussitôt dans la cantine pour y perquisitionner ; ils virent Loïc et Pemzek; un coup d'œil sur le signalement suffit aux hommes de loi pour constater qu'ils étaient bien en présence du forçat qui n'avait, d'ailleurs, pas même quitté son costume.

— Messieurs, dit le conscrit de Saint-Pol, faites votre devoir ; je me suis évadé, cet homme m'a repris et a gagné la prime ; je suis prêt à vous suivre.

— Ce n'est pas vrai, cria Pemzek ! il ment. je ne l'ai pas pris... Son dévouement m'a tendu un piège... Ne le punissez pas, faites connaître la vérité : il voulait sauver mes enfants et ma femme ! Son évasion est un acte de vertu !

— Tais-toi ! dit Loïc, au nom de Tina.

— Pauvre garçon ! dit une voix de femme dans la foule massée à l'entrée de la porte, il n'a pas l'air méchant... quel dommage qu'on l'ait repris...

— Bah! dit une autre, ce vendeur de chair humaine n'en sera pas plus heureux.

— Le compagnon vaut mieux que lui !

Je voudrais que les cent francs servissent à payer une corde pour le pendre ! dit un marin qui se mêla au groupe.

Loïc se détourna et, de ses mains enchaînées, désignant Pemzek qui semblait le véritable condamné :

— Pourquoi l'accabler d'injures, vous autres, quand je le bénis et le remercie... Vous avez pitié de moi, pauvres femmes, merci pour ma mère... Mais, croyez-le, Pemzek est un brave homme, et ce qu'il a fait, c'est que je l'ai voulu...

— Nom d'un tonnerre à la voile ! s'écria tout à coup un quartier-maître, on dirait que c'est le forçat qui remorque l'homme libre : par exemple, je ne sais pas quel vent souffle entre eux, mais ça doit faire deux matelots finis.

Loïc fut immédiatement ramené au bagne, et l'on procéda envers lui comme le jour de sa première arrivée. On le déshabilla entièrement; les habits qu'il portait furent remis au capteur; on lui rasa la tête ; puis, accouplé de nouveau, on l'envoya aux travaux des suspects en attendant le jugement de la cour martiale (tribunal maritime spécial). Pemzek semblait le jouet d'un mauvais rêve ; l'évasion de Loïc, le dévouement dont il avait fait preuve, les insultes de la populace, la sérénité du jeune Breton, les cinq pièces d'or placées sur la table de la salle et que Pemzek avait repoussées violemment comme si elles lui eussent brûlé les doigts , tout cela tourbillonnait dans la tête du malheureux ouvrier qui pressait avec désespoir son front à deux mains.

— Monsieur le commissaire, messieurs les adjudants et les gardes-chiourmes, je jure que je n'ai aucun droit à toucher le prix de la capture de cet homme. Je ne rougis point de ma pauvreté, mais je tiendrais à déshonneur l'arrestation d'un forçat... Les piqueurs de pierres sont compagnons, et le compagnonnage entier me repousserait de son sein pour avoir vendu un malheureux. Nous ne servons pas les condamnés, nous ne sommes pas tenus de les livrer ! vous avez des gardiens et des factionnaires pour cela... Sans doute, la loi les a frappés et les tient sous le joug ; mais plus d'une fois de pauvres enfants de travailleurs se sont trouvés sur leur passage pour leur dire : « Compagnon, du biscuit pour faire notre soupe, nous n'avons rien à manger. » Et le compagnon, réservant pour lui quelques bribes de biscuit qu'il avait le matin payé trois sous les vingt onces, donne le reste au petit mendiant. Le forçat est bon pour le pauvre et l'ouvrier... et l'ouvrier irait le vendre ! Jamais ! J'ai juré de ne rien dire... j'ai promis au nom de Tina, ma femme, au nom de mes petits enfants ; mais l'abbé Pascal le saura...

— Prenez toujours vos cent francs ! dit en maugréant un garde-chiourme.

— Où est l'abbé Pascal ? demanda Pemzek.

— Chez lui.

— Je veux lui parler.

— Montez.

Pemzek entra chez l'abbé Pascal et, suffoqué par les larmes, le cœur gonflé de sanglots, il lui raconta quelle sympathie les avait unis, lui, l'ouvrier de Saint-Pol, et le conscrit exilé. Il peignit l'amour insensé du Breton pour ses landes, ses églises, ses airs nationaux... ; il lui parla du biniou de Tennaët qui leur faisait bondir le cœur dans la poitrine... ; il montra son dénûment, parla des confidences faites à Loïc, du mal du pays dont ce dernier paraissait souffrir, de sa fuite sublime, de son héroïque sacrifice.

L'abbé Pascal pleurait aussi.

— Vous avez raison, dit-il à l'ouvrier qui était tombé à genoux, vous ne pouvez toucher à cet argent, bien que jamais votre pensée ne se soit souillée d'un projet de délation; mais Tina et vos enfants ne peuvent souffrir de votre délicatesse..., donnez-moi votre nom et votre adresse et confiez-vous en Dieu...; quant à ces cent francs, ils iront grossir le pécule de Loïc. Adieu, mon ami, il se fait tard... rentrez, et, je vous l'ai dit, ayez confiance.

L'abbé Pascal se rendit immédiatement chez le commissaire de la marine; leur entretien dura longtemps; le commissaire était ému, l'aumônier se montra éloquent.

— Quel avocat vous faites! s'écria M. Monvel; les condamnés vous doivent tout le bien-être moral dont ils jouissent.

— A moi, rien, monsieur, je suis arrivé plus tard qu'un vieux forçat dont les paroles et les exemples valent mille fois mieux que ma prédication; car enfin, je leur dis : Supportez vos fers ! mais je suis libre ! Résignez-vous à un accouplement monstrueux qui place le vieillard à côté du jeune homme, et l'homme instruit qu'égara un moment de colère, près de l'assassin récidiviste ! et je marche seul sans compagnon et sans entrave; tandis que Bleu-de-Ciel, cet homme vraiment fort, mystérieux et héroïque, a passé par toutes leurs douleurs, subi toutes leurs tortures et gardé au fond de son cœur et sur son front une sérénité que j'envie. Ils m'aiment, mais ils vénèrent Bleu-de-Ciel; et voulez-vous savoir mon opinion, monsieur le commissaire, je fais comme eux, je me courbe et je m'humilie devant ce galérien en cheveux blancs. Je me vois distancé par cette innocence qui porte la livrée du crime, et ma mission consolatrice n'est pas plus grande que l'abnégation d'Aulaire ! Je ne puis maintenant la comparer qu'au dévouement de ce pauvre soldat... Pemzek pleurait en me racontant cette touchante histoire, et ses larmes m'ont gagné! Oh! monsieur, ne nions pas la vertu dans les âmes même les plus dégradées en apparence. Le feu sacré du tabernacle se changea en une terre fangeuse pendant la captivité, mais quand sonna l'heure marquée, cette boue redevint flamme! Il en est ainsi des cœurs que le vice a touchés, mais dans lesquels ne s'éteint jamais complètement la lumière divine de la conscience et de la charité ..

— Il y a du vrai dans ce que vous dites, monsieur l'abbé... ; malheureusement le code du bagne est inflexible !

. . . .

La vallée, au centre de laquelle se creuse le port de Brest, présente trois grandes courbures. La maison de force, connue sous le nom de bagne, s'élève au commencement de la seconde.

Entre le quartier de marine qui le domine et les belles corderies établies au pied de la vallée, est assis, à moitié de la colline, ce vaste bâtiment, l'un des trois enfers de la France.

Il est confiné au nord par l'ancien hôpital Brûlé, au sud par le Séminaire ou grand hôpital maritime ; ces divers édifices s'étendent au nord-est de la colline sur laquelle la ville de Brest est bâtie.

La prison se compose de deux corps de logis séparés par une cour d'une extrême profondeur ; le pavé de cette cour, creusé dans l'épaisseur de la montagne, est de niveau avec l'entrée du bâtiment principal ; de sorte que l'autre corps de logis est élevé sur un talus beaucoup plus haut. Le second bâtiment s'appelle l'Infirmerie ; il est de moindre dimension et n'a qu'un rez-de-chaussée et un étage. Le laboratoire, la pharmacie, l'appartement du pharmacien de garde et quelques magasins occupent ce rez-de-chaussée. Le premier étage sert de logement aux officiers de santé chargés du service d'une salle très longue où gisent les malades, et d'une salle séparée de celle-ci par un grillage où se tient, à toute heure, un détachement de gardes-chiourmes. La salle de l'infirmerie est éclairée par des fenêtres hautes et étroites solidement défendues par des barreaux de fer. Les lits sont élevés au-dessus du parquet, au moyen d'un exhaussement qui règne de chaque côté de la salle. Une très petite distance sépare les lits entre eux. Chaque lit porte un anneau destiné à la chaîne d'un condamné ; le peu de longueur de cette chaîne laisse à peine aux malades la liberté de se mouvoir.

Une salle particulière est destinée aux convalescents dans les combles du bâtiment ; ils y jouissent d'une vue magnifique et respirent un air pur.

Le principal bâtiment se divise en trois étages composés de deux immenses salles, partagées dans leur milieu par une colonnade de pierres. De hautes et larges ouvertures, garnies de grillages de fer, y répandent la clarté. Contre la colonnade et dans le pourtour sont établis des lits de camp d'une très grande dimension. Au bord inférieur de ces lits, sont fixés de nombreux anneaux de fer dans lesquels on passe la chaîne de chacun des condamnés. Chaque salle a une destination particulière, suivant le degré de culpabilité de ceux qu'on y enferme.

Ceux qui ont à subir de cinq à dix ans de travaux sont séparés des prisonniers que la loi a frappés d'une peine plus longue ; ceux-ci, à

leur tour sont séparés des forçats à v e. Les condamnés des deux premières classes ont des gardes-chiourmes armés; ceux de la dernière
catégorie ont encore à redouter le feu de deux pièces de quatre, placées
à l'entrée de chaque salle et séparées par une balustrade de fer hérissée
de pointes; en cas de révolte, les forçats seraient mitraillés. Sous le
poids de cette menace de mort qui sans cesse tonne a leurs oreilles,
sous la loi de gardiens armés jusqu'aux dents, qui n'ont aucune pitié
de leurs tortures, les infortunés renfermés au bagne n'ont, la plupart,
surtout ceux qui sont condamnés à vie, qu'une idée fixe et persistante :
celle de s'évader. Ils façonnent des outils, percent a pierre, réalisent
des miracles de patience, brisent leurs chaînes, retombent sous le joug
et recommencent leur vaine tentative, sans v trouver d'autre résultat
qu'une aggravation de peine et la perte de tout espoir de grâce possible.

Ces misérables ont-ils eu une mère? Beaucoup ne l'ont jamais connue; d'autres se souviennent qu'une femme les encourageait à l'es-
croquerie et les battait quand ils rentraient les mains vides. Ce qu'ils
apprirent, c'est d'abord à enlever adroitement de menus objets aux
étalages des boutiques, puis à couper habilement une poche, à dérober
une montre, à crocheter une porte... Une fois pris, condamnés, libérés,
ils sont sans état, sans moyen d'existence; ils retombent entraînés par
les mauvais conseils de leurs complices. Hélas ! quel état pitoyable !
Nous avons plus d'une fois senti notre cœur se fendre en songeant à
leurs misères, et nous pensons que l'œuvre qui manque encore au
xixᵉ siècle, l'œuvre que bénirait la société tout entière, est celle qui
donnerait un asile, du travail et une existence paisible au forçat qui
sort du bagne. C'est à ce but que tendait l'abbé Pascal dont la fortune,
diminuée de moitié, avait servi à faire construire une immense maison
divisée en ateliers de plusieurs sortes, selon les genres de travaux les
plus habituels dans les bagnes. Un grand jardin l'entourait, un gym-
nase devait y servir de récréation, une bibliothèque choisie y étalait
des volumes sérieux, instructifs et intéressants. C'était là, quand
l'œuvre serait mûre et que Dieu en sonnerait l'heure, que l'abbé Pascal
comptait ouvrir ses bras aux enfants que sa sollicitude suivait au delà
de l'enceinte qui les enserrait dans ses bras de fer et de granit.

— Mon cher abbé, demandait un soir le commissaire, vous m'avez
promis de me dire le mot du changement qui s'accomplit visiblement
chaque jour dans l'esprit de ces malheureux.

— Je tiendrai ma parole, monsieur Monvel, et comme moi vous
serez surpris, édifié: comme moi, vous serez convaincu que Bleu-de-

Ciel agit sous l'influence d'un sentiment enthousiaste, et que cet innocent, confondu parmi nos scélérats, accepte sa part comme un
martyre... Il n'est plus le seul... et Loïc...

— Loïc porte la double chaîne, mais il sait que Pemzek est à l'abri
de tout besoin et, pour cette âme dévouée, cette pensée est le seul allégement possible.

Des faits pareils donnent la foi dans l'avenir des hommes, même les
plus pervertis en apparence.

— J'ai connu ici, il y a dix ans, un malheureux, coupable de vol avec
effraction, qui avait adopté le fils d'un de ses complices condamné à
la peine de mort. Avant de monter à l'échafaud, il lui dit en lui serrant les mains :

— Je te lègue mon enfant, fais-en un honnête homme.

— Je te le promets, répondit Fauvel avec émotion.

A partir de ce moment, le forçat économisa sa part de vin qu'il vendit, mit de côté l'argent de son travail, et celui de petits objets en
paille qu'il vendait assez bien, pour subvenir aux frais d'entretien du
fils de son ami. Quand celui-ci sut lire et écrire, on l'embarqua à bord
d'une corvette; au retour, il embrassait le forçat, son bienfaiteur, reprenait la mer pour une course et revenait encore! C'était lui qui, à
son tour, voulait adoucir le sort du misérable, mais le forçat faisait
mettre en réserve ce qu'il acceptait du matelot. Quand le temps de
Fauvel fut fini, il partit pour Paris, je crois, et je n'ai plus eu de ses
nouvelles; mais je pourrais vous citer vingt traits de dévouement qui
prouvent que le sentiment d'un devoir à remplir et le bonheur de
faire une bonne action sont de grands mobiles d'amélioration pour
ces infortunés. Pour vous le prouver, Monsieur Monvel, ce soir je tiendrai ma promesse.

— Ce soir même!

— Je sais que Bleu-de-Ciel a promis à ses amis un de ces récits
qui les tiennent suspendus à ses lèvres et dont le sujet et la morale
renferment toujours une leçon directe qui porte ses fruits. Assistons,
sans être vus, à cette réunion; étudions ces malheureux sur le fait;
d'après leurs impressions, leur sensibilité, leurs remarques, nous les
connaîtrons mieux que sur l'avis des gardes-chiourmes.

— Allons! dit le commissaire.

L'abbé Pascal passa le premier, et le chef, faisant un geste silencieux
à l'un des surveillants, se dissimula ainsi que l'aumônier grâce à
l'ombre épaisse que projetaient les colonnes.

Aulaire était assis, ses mains reposaient sur ses genoux, il semblait chercher dans sa mémoire les souvenirs d'un fait qu'il coordonnait pour donner plus d'intérêt à son récit. Les forçats, dans l'attitude de l'impatience et de la curiosité, tenaient leurs yeux attachés sur les siens. Quand Aulaire releva son front sillonné de rides, mais empreint d'une sérénité calme, un long murmure de satisfaction circula de banc en banc. Les gardes-chiourmes eux-mêmes s'étaient rapprochés du vieux forçat.

— Bleu-de-Ciel, un conte! exclamaient à la fois, vingt voix impatientes.

— Ma mémoire s'en va, dit avec tristesse le septuagénaire, je vous ai raconté bien des choses, et quand mes récits seront finis, il ,faudra bien aussi...

— Et votre histoire, père Bleu-de-Ciel, ne nous la direz-vous donc jamais?

— Dieu la sait, il suffit, répondit le vieillard qui trembla légèrement; celle de ce soir se nomme : *Le Déserteur*.

— Alors silence! fit Polichinelle qui exerçait une sorte de dictature sur ses camarades en raison du nombre de ses crimes et de la somme de ses condamnations; silence, la haute pègre! laissez parler Bleu-de-Ciel!

On eût entendu le vol d'une mouche quand Aulaire commença son récit.

Ses parents, paralysés d'émotion, ne pouvaient croire à tant de bonheur (*Voir page 29*).

III

LE DÉSERTEUR

Un groupe de jeunes soldats venait de se former dans la cour de la caserne. Ils causaient et riaient avec entrain, interrompant la causerie aux gaietés familières pour lancer à pleine gorge un refrain du pays. Un seul, parmi ces jeunes gens, se tenait à l'écart et, plongé dans une profonde rêverie, ne paraissait prendre aucune part à ce qui se passait autour de lui. La tête dans ses mains, le corps ployé, il n'entendait point les rires et ne devinait même pas les railleries auxquelles l'exposait une tristesse en si complet désaccord avec la bruyante expansion de ses camarades. Ceux-ci avaient, pour la plupart, triomphé des premiers chagrins du conscrit; ils les regardaient comme une maladie dont la crise aiguë passe vite, et ne semblaient guère se soucier de consoler le désespoir de leur camarade.

Un d'eux, cependant, s'avançant vers le jeune homme, lui frappa doucement sur l'épaule.

— Pierre, dit-il, qu'as-tu?

Le soldat ne sortit point de son immobilité.

— Pierre, ajouta le nouveau venu en s'asseyant à côté du jeune soldat, je ne viens pas en curieux, mais en ami, parle-moi... depuis quinze jours ta peine fait mal à voir; les autres en rient; moi qui ai souffert du même mal, je te prends en compassion. Réponds-moi donc comme tu ferais à un frère, qu'as-tu?

Ému de la sincérité de cette parole, le jeune homme leva le front, et laissa voir son visage sillonné de larmes.

— Jacques, répondit-il, ne me crois point lâche parce que je pleure. S'il fallait se battre, je sais que je ne reculerais pas. Je ne risquerais d'ailleurs que ma vie, tandis qu'aujourd'hui, il s'agit de mon cœur qui saigne et se brise... Je n'étais pas né pour être soldat, vois-tu, j'ai le caractère rêveur, et j'aime la vie paisible. Les gaietés de mes camarades me troublent et augmentent mon désespoir. Le recrutement m'a pris, et j'ai obéi à la loi, comme le mouton suit le boucher. J'ai grandi dans nos champs, je les aime. Les murailles de la caserne ressemblent pour moi à celles d'une prison. Je revis sans cesse entre mon vieux père et ma vieille mère assis au coin de l'âtre, l'un se livrant à quelques travaux rustiques, l'autre filant sa quenouille chargée de chanvre; ou bien en été, sur la porte, au milieu des églantiers en fleurs et des ruches d'abeilles, tournant le dévidoir de noyer et roulant les lourds écheveaux qu'emploiera le tisserand. Puis j'entends les rires de ma cousine Marianick, blanche comme les primevères de mai, rieuse comme un oiseau des bois. Un regret me serre le cœur à le faire éclater, je me demande comment j'ai eu la force de céder à la loi qui m'a pris mon bonheur, qui m'a enlevé à mon pays, et à ma famille, et je pleure souvent des nuits entières, comme je pleure ce matin.

— Tu as un frère?

— Oui, l'aîné, Malo, celui qui prend, ou plutôt qui accepte le titre de « soutien de famille. » Paresseux, ivrogne, débauché, il n'use de son droit d'aînesse que pour faire peser un dur joug sur une mère qui l'aime en dépit de ses défauts, et tente de dissimuler ce qu'elle souffre. Loin de lui venir en aide, il la pressure et la dépouille. De ses deux fils, appelés à remplacer le père invalide, un seul l'aimait véritablement, et pour elle eût donné tout son sang, c'était moi... Mais la loi n'avait pas à se préoccuper de nos qualités et de nos vices, elle laissa Malo à la maison, et je suis parti... Je suis parti le désespoir dans l'âme, me demandant ce que sans moi allaient devenir les pauvres vieux, et n'ayant plus ni repos ni joie, faute d'avoir confiance en celui qui est resté près d'eux... Deux fois j'ai reçu de leurs nouvelles, et deux fois j'ai senti qu'à travers leur tendresse ils me cachaient de cruelles tortures. Le corps est usé, l'âme atteinte. Ils ne se consolent pas plus de mon départ que moi-même, et la perte de leur fils les tue plus sûrement qu'une maladie... Tout le jour, je songe à cette pauvre mère en pleurs, dans la maison où le fils aîné appelle la ruine; la nuit, je la vois en rêve, pâle comme une morte et tendant les bras vers moi... Je m'éveille le front couvert d'une sueur glacée, n'ayant qu'un mot sur les lèvres et qu'un cri dans le cœur : « Ma mère! » Il me semble qu'un malheur la menace, et que j'apprendrai prochainement que Dieu va la retirer de ce monde...

— Pierre, dois-tu croire aux rêves?

— Non, peut-être, mais aux pressentiments... Tu m'as, ce matin, témoigné une compassion qui te donne désormais des droits à mon amitié, ma confidence en est la preuve... Garde-moi ce secret. Ceux qui rient là-bas ne sauraient me comprendre.

Jacques serra fortement les mains de Pierre, et tous deux restèrent longtemps sans parler.

En ce moment, un petit paysan, qui paraissait exténué de fatigue, entra dans la cour, et, regardant curieusement autour de lui, parut passer l'inspection de ceux qui s'y trouvaient.

— Que cherches-tu, mon petit homme? lui demande un soldat.

— Pierre.

— Oh! mais, il y a plus d'un âne à la foire, nous sommes au moins dix Pierre ici, désigne davantage celui que tu veux voir.

— Pierre Flingot, de Plouézec.

— Pour lors, mon petit, adresse-toi à ce jeune gars qui nous a des airs d'enterrement depuis son séjour au milieu de nous.

Le petit garçon suivit l'indication du soldat et s'approcha des deux nouveaux amis.

— Pierre ! dit-il d'une voix affaiblie, mais affectueuse, Pierre, j'apporte des nouvelles de chez vous...

— Des nouvelles de Plouézec ! de mon père, de ma mère ! Mais tu es Janick ! le petit Janick ! pauvre enfant ! et tu viens de si loin, de nos montagnes... Dieu soit béni et toi aussi ! Ma mère, parle-moi de ma mère...

— C'est elle qui m'envoie... Vous savez, chez nous, on n'a guère confiance dans les lettres, les lettres se perdent, ces chiffons de papier ne renferment jamais la moitié de ce que l'on doit dire... Enfin, la mère Flingot ne croit pas aux lettres... Depuis deux semaines elle pleurait à fendre l'âme, et je devinais si bien la cause de son chagrin, qu'un jour je lui ai dit : Mère Flingot, s'il vous faut un courrier extraordinaire, je mets mes jambes à votre service... J'irai voir Pierre, je lui répéterai ce que vous allez me confier pour lui... Elle m'embrassa tendrement, avec des larmes, en me serrant, en me berçant dans ses bras, comme si j'étais son enfant, puis elle me dit... Écoutez bien, Pierre, je vais vous répéter mot pour mot ses paroles... « Je meurs d'avoir perdu mon fils... S'il ne vient pas recevoir ma bénédiction, je rendrai mon âme à Dieu, en doutant peut-être de sa bonté et de sa miséricorde... Malo m'accable de chagrins, le père est au bout : moi-même, je n'ai plus que peu de temps à vivre... Il faut que Pierre demande et obtienne un congé... Je n'exige pas qu'il reste longtemps... Quelques heures seulement pour l'embrasser et le bénir... »

Pierre sous l'impression de ce qu'il venait d'entendre, et persuadé que jamais nul ne pourrait rester insensible à ses prières, se rendit chez son colonel.

C'était un homme rigide, observateur des lois militaires, estimant les bons soldats, dédaignant profondément les lâches.

— Que demandes-tu ? dit-il au jeune homme, quand celui-ci entra dans son cabinet.

— Un congé, mon colonel.

— Depuis combien de temps es-tu au régiment ?

— Depuis une année.

— Et tu souhaites déjà du repos ?

— Mon colonel, ce n'est point du repos que je désire... Je suis jeune, je suis robuste, et si ma pâleur trahit quelque souffrance, je n'ai d'autre mal que le mal du pays... Colonel, avant d'être soldat, je n'ai jamais quitté un père une mère, que j'adore et qui n'aiment que

moi. Les pauvres vieux s'en vont de tristesse, de vieillesse aussi...
quand la loi prend les fils, elle oublie les parents... Laissez-moi aller
consoler les miens...

— Mon garçon, répondit le colonel, chacun de tes camarades a
laissé au pays une mère, un père ; que serait le régiment, que devien-
drait l'armée, si chacun d'eux demandait un congé... Ce que tu solli-
cites est impossible... prends courage ! Tes parents exagèrent leur
mal ; comme toi-même, sans t'en rendre compte, tu exagères ta peine.

— Je vous en supplie, mon colonel, fit Pierre, ne me privez pas de
la bénédiction de ma mère !

Le colonel se détourna pour cacher son attendrissement.

— Elle a dit qu'elle mourrait si je n'allais pas, colonel...

L'officier fit, à contre cœur, un geste indiquant que l'audience était
finie, et Pierre quitta le cabinet du colonel la mort dans l'âme.

Pendant le reste de la journée, il s'isola de ses camarades ; le lendemain était un dimanche, et les soldats devaient jouir d'un congé
prolongé.

La nuit du pauvre garçon n'avait apporté devant ses yeux que des
images lugubres, des songes désolés ; il voyait sa mère mourante, il
entendait ses appels désespérés. Quand il se leva, en proie à une horrible fièvre, une sorte de folie désespérée lui enlevait toute autre pensée que celle de sa mère. Il profita de ses heures de liberté pour errer
dans la campagne, et par instinct il prit la route du pays. Quand il s'y
engagea, sa marche était faible, lassée ; mais peu à peu elle s'accéléra,
et le soldat dévora la route. A quoi songeait-il alors ? Avait-il élucidé
un plan ? Non, il allait, pour aller, pour sentir souffler à son visage
l'air frais de la vallée. Bientôt il se mit à courir, une pensée folle venait de surgir dans son esprit. Il oublia le refus du colonel, l'implacable loi qui le retenait ; il lui sembla que sa tendresse lui donnerait
des ailes, et qu'il pourrait arriver au village, embrasser son père et sa
mère, et revenir avant l'appel du lendemain. Il sauverait ainsi la vie de
sa mère, et rassasierait son pauvre cœur affamé d'un baiser. Il ne songea point qu'il devait faire seize lieues ; que l'appel sonnait de bonne
heure ; qu'il pouvait se perdre sans retour.

Après avoir brûlé les étapes, il arriva à la chaumière paternelle où
ses parents, paralysés d'émotion, ne pouvaient croire à tant de bonheur.

— Te voilà ! dirent les vieux. Nous savions bien que tu viendrais...
Les chefs ne sont pas si durs... Ils comprennent que les parents ont
besoin d'embrasser leurs fils... Je n'y tenais plus, dit la mère... Tu me

sauves la vie en venant ici... Ton frère nous a trop fait souffrir. Pierre,
si nous ne l'avons pas maudit, c'était uniquement dans la crainte que
Dieu lui imposât un châtiment plus terrible... Pierre! mon doux Pierre!
Jamais tu n'as attristé notre vie, toi ! et à cette heure nous te devons une
consolation suprême... Tu vas rester longtemps, n'est-ce pas... On t'a
au moins donné un mois de congé... Nous aurons le temps de parler
et de reprendre courage...

Pierre baisait les mains ridées de ses vieux parents, il ne pouvait
parler, suffoqué qu'il était par l'émotion. D'ailleurs, le courage lui
manquait pour leur avouer combien peu de temps il allait passer près
d'eux.

La soirée se passa dans un échange de confidences, de caresses. On
aurait dit que la vie revenait aux vieillards. Cependant la lune se levait,
il se faisait tard, et l'angoisse commençait à étreindre le cœur de
Pierre. Les émotions brisant le corps et l'âme des parents du soldat,
ils se mirent au lit, et Pierrre, s'agenouillant devant eux, leur dit d'une
voix dans laquelle vibraient des larmes :

— Bénissez-moi pour cette vie et pour l'autre !

— Oui, mon Pierre, nous te bénissons ! Les bons fils sont protégés
par le Ciel...

Le soldat demeura debout près du lit de ses parents, jusqu'à ce que
le sommeil fermât leurs paupières, puis après avoir une dernière fois
embrassé leur front couvert de cheveux blanchis, il sortit sans bruit
de la chaumière, et se mit en devoir de reprendre le chemin de la
caserne.

Rompu par la fatigue de la longue route qu'il avait dû faire pour se
rendre auprès de ses parents, le pauvre garçon était exténué. Il avançait en trébuchant, étouffant des cris douloureux, endurant un martyre dont rien ne saurait donner l'idée, et s'épouvantant à mesure
qu'il voyait grandir le jour. Vingt fois il fut obligé de se reposer le
long de la route. Il se relevait pour se traîner encore ; mais épuisé par
la souffrance, il perdit à demi le sentiment du présent durant une de
ses haltes forcées, et, quand il revint à lui, le jeune homme consultant
la hauteur du soleil, jugea qu'il était plus de midi.

Était-ce maintenant la peine de rentrer à la caserne ? Il n'avait point
répondu à l'appel, et devait déjà être porté comme déserteur. A cette
époque où la France luttait et se battait sans trêve, la rigueur des
lois militaires était excessive. Cependant Pierre se releva, reprit son
bâton et marcha vers la ville. Il en était tout près. S'il ne rentrait
point, on le regarderait comme un lâche ; s'il avouait sa faute, peut-

être se montrerait-on indulgent? Il se sauverait par la franchise. Il racontorait aux juges sa visite au colonel, le refus de celui-ci, l'arrivée de Janick; il peindrait le besoin qu'il avait eu d'embrasser sa mère, d'être béni par elle... Ces juges étaient des hommes, ils comprendraient...

Pierre était à demi mort quand il franchit le seuil de la caserne. Un de ses camarades étouffa un cri en le voyant rentrer.

— Sauve-toi, dit-il, cache-toi dans la montagne, on t'a inscrit comme déserteur.

— C'est bien, répondit Pierre d'une voix tranquille.

— Où vas-tu?

— En prison.

— En prison! mais c'est horrible! Le conseil ne plaisante pas! Personne ne t'a vu; mieux vaut vivre de la vie des réfractaires que de tomber sous les balles...

— J'ai mérité une punition, dit le soldat.

— Oui, mais la punition ne sera point en rapport avec la faute.

— Qu'importe! je m'y soumettrai.

Et, tout chancelant, il se dirigea vers la prison.

Deux heures après il subissait un premier interrogatoire.

Il raconta la vérité, avec une simplicité qui lui aurait mérité l'indulgence, si alors la sévérité de la discipline militaire n'avait été terrible.

Peut-être l'officier qui l'interrogeait se sentit-il le cœur profondément ému; mais il se défendit de le laisser paraître, et il ne laissa aucune espérance au jeune homme.

Durant les jours qu'il passa au cachot avant sa comparution devant le conseil de guerre, l'infortuné n'eut d'autre image devant les yeux que celle des vieux parents en cheveux blancs, morts peut-être à cette heure, mais qui lui avaient dû leur dernière joie, et dont il avait reçu la bénédiction suprême.

Il s'attendait à être puni sévèrement, et cependant il ne pouvait entrer dans sa pensée qu'on le condamnât à mort pour avoir transgressé les ordres de son colonel.

Quand il comparut devant ses juges, il était calme, et son attitude ferme; la dignité de ses réponses, la candeur de son visage impressionnèrent favorablement tous ceux qui le virent alors.

— J'ai commis une faute, dit-il, je le reconnais... Cependant, je ne puis pas être traité en déserteur et en lâche, car je suis rentré volontairement, et si l'ennemi était là, je sens que je ferais bravement mon devoir. On m'a dit : « Tes parents dépérissent, ils veulent te voir et te bénir! » Je suis parti sans réfléchir, comptant que j'aurais la force de faire deux fois cette longue route, sans qu'on s'aperçût de mon absence... Oh ! s'ils avaient connu la vérité! comme ils m'eussent renvoyé vite après le premier baiser... Mais je ne pouvais, je n'osais la leur dire... Je suis resté jusqu'à l'heure où ils se sont endormis sous mes caresses... Alors j'ai fait des efforts sans nom pour revenir à l'heure précise... Mes forces m'ont trahi... J'ai cru dix fois mourir en route... Je ne crains point de l'avouer, j'aime la vie; si ma mère avait cessé d'exister, il me serait peut-être indifférent de la perdre, mais je'ne saurais supporter l'idée d'être déshonoré par une condamnation... mes malheureux parents avaient tant de bonheur à me savoir un honnête homme !

L'attendrissement serra plus d'une poitrine; l'avocat de Pierre parla avec une chaleur communicative, mais si grand était le respect de la discipline, que Pierre fut condamné.

— La mort! la dégradation ! murmura-t-il.

On l'entraîna dans son cachot, sans qu'il songeât à résister, sans qu'il proférât une seule parole.

Vers le soir, un homme fut introduit dans la prison.

C'était un vieillard dont les cheveux avaient blanchi dans l'exercice d'un dur sacerdoce. De l'heure où la loi ne laissait plus aucune espérance à l'infortuné, le vieil aumônier venait lui apporter les consolations célestes.

Il savait que Pierre, élevé au village, conservait de fortes croyances ; et ce fut avec un sentiment de compassion vraiment paternelle qu'il pressa le condamné dans ses bras.

Contre son attente, celui-ci le repoussa.

— Ne me parlez pas de Dieu! lui dit-il, je ne veux plus croire à sa bonté, ni rien attendre de sa justice. Suis-je un misérable ? Ai-je réellement commis un crime? Dans son commandement : — « Tes père et mère honoreras » — il m'a fait une loi de tout sacrifier à la famille : mon temps, mon bonheur, ma vie. J'ai obéi à cette prescription. Mes parents infirmes m'appelaient près d'eux, je suis parti... Pauvre chers vieux, qui m'avaient prodigué tant de tendresse, pouvais-je les laisser mourir sans embrasser une dernière fois leur fils? Non ! cela ne se pouvait pas, mon Père! J'ai demandé la permission de me rendre près d'eux, on me l'a refusée. J'ai prié, supplié, avec des larmes, moi, un homme! on m'a refusé encore... La tête m'a tourné et je suis parti. J'ai eu tout ensemble la force de la douleur, et celle de l'amour filial...

On m'a condamné. Je tomberai sans lâcheté sous les balles ; mais quand on me tue pour avoir rempli ce que je considère comme un devoir, n'attendez pas de moi que je croie à la bonté divine ! Laissez-moi seul dans mon cachot, je ne veux plus voir personne, personne.

Le vieux prêtre s'efforça vainement de vaincre l'obstination de Pierre, tout fut inutile, et il le quitta le cœur rempli de ce regret poignant qui serre le cœur du prêtre quand il ne peut ramener au bercail la brebis égarée.

Au moment où il traversait la cour, il aperçut une femme portant un costume rappelant à la fois celui des paysannes et celui des religieuses. Ses cheveux étaient blancs sous sa coiffe monacale, et sur le mouchoir à demi caché par la pièce de son tablier, s'étalaient des décorations appartenant à tous les ordres connus. Une douceur extrême régnait sur sa physionomie, sans exclure la fermeté et l'énergie. Elle s'avança vers le prêtre.

— Eh bien ! monsieur l'abbé, demanda-t-elle, et votre pauvre prisonnier ?

— Je le quitte la mort dans l'âme, ma Sœur ; il refuse tous les secours de la religion.

— Pauvre garçon ! dit la Sœur, il m'inspire une pitié profonde... Je ne me flatte point de réussir où vous avez échoué, mais je tenterai d'adoucir pour lui ses dernières heures. Nous sommes du même pays. Sa mère fut mon amie, et je l'ai connu pieux et bon, oui, bien bon pour sa mère !

— Ma Sœur, répliqua le prêtre, le peuple vous appelle « l'ange des prisonniers » et la voix du peuple est la voix de Dieu.

Sœur Marthe baisa avec humilité la croix de son rosaire, puis elle entra chez le guichetier, et le pria de l'introduire dans le cachot du condamné.

Toutes les portes s'ouvraient devant elle. Toutes les misères la connaissaient. Sœur Marthe vouait depuis quarante ans sa vie au soulagement de l'infortune, et se voyait entourée du respect et de l'admiration de tous.

Quand elle pénétra dans le cachot, Pierre, couché sur son lit de paille, s'efforçait d'oublier la sentence prononcée pour ne songer qu'à sa mère, sa vieille mère dont il croyait encore sentir sur le front la bénédiction et le baiser.

Il ne reconnut point Sœur Marthe, qui se pencha et lui toucha l'épaule.

— Pierre, dit-elle doucement.

Le malheureux se souleva d'un saut.

— Je suis prêt, dit-il, et je mourrai courageusement.

— Il ne s'agit point encore de mourir, pauvre enfant... C'est une amie qui vient à vous... Une amie du village, qui fut la compagne de votre mère... Nos deux chaumières se touchaient... Ne vous souvenez-vous plus d'Anne Bigot ?

— Anne Bigot ! Sœur Marthe ! s'écria le condamné en joignant les mains, oh ! merci alors, tout n'est pas désespéré pour moi. Ici tout le monde fait votre éloge, vous êtes plus décorée que les vieux soldats, et le général n'a rien à vous refuser... Sœur Marthe ! ayez pitié de moi, rappelez-vous le village de Plouézec et mes vieux parents... rendez-leur leur fils.

— Je n'ai pas assez de pouvoir pour cela, pauvre enfant !

— Quoi ! pas assez de pouvoir ? Mais qui donc compterait les prisonniers que vous avez secourus, les soldats qui vous doivent la vie ? Dans la caserne, on vous vénère à l'égal d'une sainte... Vous avez accompli des miracles ; Dieu peut en faire un autre à votre prière... J'ai vingt-deux ans ! je ne veux pas mourir ! Si vous saviez combien je trouve la vie bonne... Et puis les balles qui me frapperaient atteindraient aussi ma mère... Sœur Marthe, sauvez-moi ! sauvez-moi !

— Allez-vous prier, au moins, tandis que je tenterai l'impossible ?

— Je vous le promets, ma Sœur.

Sœur Marthe quitta le cachot du condamné.

La religieuse tremblait quand elle se dirigea vers la demeure du général en chef qui tenait dans ses mains le sort du malheureux.

En l'apercevant le général sourit, et son premier mouvement fut d'ouvrir un tiroir et d'y prendre quelques pièces d'or qu'il lui tendit.

— Voici pour vos pauvres, ma Sœur.

La religieuse secoua la tête et, brisée par l'émotion, tomba à genoux les mains tendues vers le général.

— Grâce ! lui dit-elle, grâce !

— Et pour qui, ma Sœur ? demanda le général.

— Pour un malheureux qu'égara son amour filial, un enfant de mon village qui vient d'être condamné à mort...

— Ignorez-vous qu'il a déserté ?

— Non ! non ! général ; s'il avait voulu déserter, il ne serait pas revenu au-devant d'une mort certaine... Il a eu tort d'enfreindre la loi militaire ; mais cette loi est terrible !

— Ma Sœur, répondit le général, ce que vous sollicitez est impossible... Je n'ai jamais plus regretté qu'aujourd'hui de ne pas me croire

libre de faire céder la discipline devant la pitié... Je ne puis pas !
— Ne dites pas cela, général, on peut ce qu'on veut. Vous n'avez
qu'à prendre cette plume et signer cette grâce... Souvenez-vous de
vos soldats relevés par moi sous le feu de l'ennemi ; rappelez-vous
mon amour pour les prisonniers... mon dévouement pour les blessés...
Il faut bien que je parle de moi, et que je fasse valoir mes droits puisque je sollicite... Au nom des vies que j'ai sauvées, donnez-moi la vie
de Pierre.

Le général se détourna pour dissimuler son émotion, et répéta :
— Je ne puis pas !

Des larmes roulèrent sur le visage de Sœur Marthe, mais elle
n'ajouta rien. L'accent du général, en lui révélant le regret du chef
de l'armée, lui apprenait qu'elle ne pouvait rien espérer.

Rien ! Et Pierre ? Et l'âme du condamné qu'elle voulait rendre à
Dieu ? Et la vieille amie du village de Plouézec dont elle rêvait de sauver l'enfant ?

Une immense douleur, contre laquelle Sœur Marthe ne tenta point
de lutter, envahit son âme ; cependant, si elle avait échoué près du
général, elle espérait au moins tourner vers le ciel les dernières
pensées du condamné, et de nouveau elle se dirigea vers la prison.

Au regard plein d'angoisse que Pierre lui adressa, Anne Bigot répondit par des pleurs. Pierre comprit l'horrible vérité, et, se rejetant
sur sa couche de paille, il éclata en sanglots.

Sourd à toutes les supplications de Sœur Marthe, il refusa de lui
répondre, et détourna ses lèvres du crucifix qu'elle lui présentait. Elle
pria seule, demandant un miracle à Dieu, et quitta Pierre sans avoir
trouvé le secret de l'attendrir.

Elle ne put fermer les yeux de la nuit, et dès l'aube, elle retournait
aux portes de la prison que devait franchir le condamné pour aller
sur la place où il devait subir son arrêt.

Lui non plus n'avait pas dormi. En face de l'irrémédiable, il était
seulement parvenu à retrouver un peu de sang-froid, et il avait pris la
résolution de subir courageusement l'exécution de l'arrêt.

Le premier regard qu'il rencontra fut celui de Sœur Marthe, et ce
fut entre la généreuse fille et l'aumônier que Pierre se mit en marche.

Il aperçut bientôt les anciens camarades formant un carré redoutable sur la place, puis le peloton chargé d'exécuter la sentence. Mais
il ne s'agissait pas seulement de mourir, Pierre devait auparavant
subir la dégradation... Oh ! combien lui semblait, à cette heure, honorable son humble habit de soldat ! Comme il estimait les galons que la

main d'un ami allait lui arracher! Il songeait moins alors à la vie qu'au déshonneur. Avant de lui loger douze balles dans la tête, on allait le flétrir. S'il se révoltait? S'il luttait à cette heure suprême pour s'épargner cette honte pire que la mort? Il comprit l'inutilité de cette tentative, et le rayon d'énergie suprème qui avait brillé dans son regard s'éteignit subitement.

On avait achevé de lire la sentence, et déjà un soldat posait la main sur les épaulettes de Pierre, quand on entendit le rapide galop d'un cheval, et une ordonnance, agitant une large missive, parut subitement à l'entrée de la place, en criant :

— Sœur Marthe ! Sœur Marthe !

Un éclair d'espérance brilla dans les yeux d'Anne Bigot, elle se leva et courut au-devant du messager.

— Pour vous, ma Sœur, lui dit-il, de la part du général.

La religieuse brisa le cachet d'une main tremblante. puis incapable de parler, montrant seulement la lettre, elle courut à Pierre, et se plaça devant lui comme pour le défendre.

— C'est la grâce ! dit-elle, sa vie est sauvée !

Le général n'avait pas eu le courage de persévérer dans son refus; en échange de tant de vies sauvées par Anne Bigot, et de tant de prisonniers consolés, il lui donnait le salut de Pierre.

Durant ce récit poignant de Bleu-de-Ciel, Loïc sanglotait silencieusement sur son banc, vers lequel se dirigeaient les regards attendris des autres forçats qui semblaient reconnaître en lui le héros de ce drame.

— Eh bien ! Monsieur le commissaire, fit l'abbé Pascal, que pensez-vous de cette histoire ? Ne trouvez-vous pas qu'elle offre une étrange ressemblance avec celle de ce pauvre Loïc ?

Sans aucun doute, répondit M. Monvel.

— Sera-t-il condamné une deuxième fois?

— Inévitablement.

— Ainsi cet héroïsme obscur sera récompensé par une augmentation de trois années de fers?

— La loi est dure, mais c'est la loi, répartit le commissaire : l'humanité me crie : Grâce; le règlement me dit : Pas de pitié — Vous êtes plus heureux que moi, Monsieur l'abbé, vous représentez une justice qui pardonne.

— Si vous le condamnez, dit l'aumônier, j'en appelle à Dieu!

Les deux hommes sortirent en proie à une profonde émotion.

On les parque, sous bonne garde, dans une vaste galerie (*Voir page 11*)

IV

COMPLOTS

Un système d'opposition s'organisait cependant au bagne. L'influence d'Aulaire se trouva bientôt balancée par celle d'un autre forçat

nommé Polichinelle, le héros des galères, l'homme aux expédients
hardis, aux évasions merveilleuses, aux voix contrefaites, aux mille
costumes, aux transformations sans nombre.

Polichinelle était fier de sa célébrité dans le mal, il se vantait de
ses vols nombreux, de ses faux, de ses stratagèmes; il posait pour le
vice. Les forçats récidivistes l'adoptèrent pour leur chef; en peu de
mois, Polichinelle fut à la tète d'un parti de bonnets verts prêts à le
seconder dans la révolte. *Classique*, le plus docile de ses élèves, et
qui devait son nom à quelques bribes tragiques, qu'il déclamait avec
emphase, ayant formé un plan d'évasion, le soumit à la bande de
Polichinelle. On lui fournit des secours, la mystérieuse ligue des
amis du dehors fut avertie par des cris qui, partant du port, annon-
cèrent le hardi projet... Rien, il semble, ne pouvait s'opposer à la
réussite, quand Classique fut saisi par les argousins au moment où
il brisait sa manille. Un de ses camarades l'avait vendu.

La *vendetta* des bagnes ne pardonne jamais; naturalisée parmi les
forçats, elle a rang parmi eux de cour de justice, et celui qui trahit
peut s'atten dre à une prompte et terrible vengeance.

Elle est inexorable. mais ne frappe qu'à coup sûr. Dès que Mitraille
fut soupçonné d'avoir fait des révélations à l'autorité, pour obtenir
d'être envoyé à l'infirmerie comme *servant*, un conciliabule formé de
Polichinelle et de ses principaux amis s'assembla. C'était au chef de
porter la parole.

Il exerçait les fonctions de ministère public; et, se vengeant de
l'arrêt qui l'avait condamné, il allait condamner à son tour.

Il exposa le délit. Les galériens à la fois jurés et juges l'écoutèrent
en silence; après avoir donné son opinion, raconté les faits et fourni
les preuves, Polichinelle déclara Mitraille coupable de trahison.

L'arrêt fut prononcé.

C'était un arrêt de mort...

Cette scène se passa en plein jour, pendant un moment de distrac-
tion du garde-chiourme qui causait à quelque distance.

On tira au sort avec des dés pour savoir quel serait l'exécuteur de
cette vengeance. Jamais un forçat ne refuse une semblable occasion
de se recommander aux siens en travaillant pour la cause commune.
Quelquefois, un homme ayant d'anciens griefs contre le condamné,
réclame l'office de bourreau.

Quant au choix du supplice, il reste à celui qui exécute l'arrêt: tantôt
une pile de madriers s'écroule sur le forçat en travail, tantôt le misérable, qu'un camarade a poussé par mégarde, tombe dans la mer et

disparaît sans qu'il reste trace du crime ; un autre se voit entouré par les forçats qui ne semblent animés d'aucun mauvais dessein ; ils s'éloignent, le délateur a cessé de vivre sans que son corps garde la marque d'une blessure.

Mitraille, condamné, ne fut pas plus mal accueilli par ses camarades de chantier ; il semblait porter plus allègrement que jamais le poids de sa chaîne, et cria le premier à Polichinelle :

— Allons, vieux ! en avant la chanson de *la Veuve !*

Il y a dans la cadence de cet air, extrêmement populaire dans les bagnes, quelque chose de lugubre qui glace le cœur, lors même que l'on ne comprendrait pas les paroles. La mesure de chaque phrase est calculée sur l'espace de temps que le *mouton* met à frapper la poutre. Trois fois il retombe, et la troisième mesure qu'il marque signifie le coup fatal du glaive de justice.

Polichinelle l'entonna ainsi :

> Oh, oh, oh, Jean-Pierre, oh !
> Fais toilette,
> V'là, v'là le barbier, oh, oh !

Le mouton tomba lourdement sur le madrier, et le chœur, au milieu duquel tranchait l'aigre voix de Mitraille, répondit .

> Oh, oh, oh, Jean-Pierre, oh !
> V'là la charrette.

Le mouton s'abattit pour marquer encore une reprise.

Le garde-chiourme écoutait en souriant ; il battait la mesure avec sa canne, et marquait légèrement la cadence en sifflant du bout des lèvres.

Polichinelle fit un signe imperceptible à ses compagnons et continua·

> Ah, ah, ah, ah,
> Faucher Colas.

En ce moment un bruit sourd se fit entendre dans le groupe ; la corde fut lâchée par les travailleurs, le billot retomba de tout son poids, le refrain fut répété avec une vigueur de poumons incroyable, et au milieu d'un élan général.

Seulement, Mitraille ne montrait plus sa tête de fouine au milieu des forçats. Au moment où tous les bras retombaient en cadence, les galériens avaient précipité Mitraille sur une ancre de navire, qui lui ouvrit le crâne. Le soir, dans le chantier, on le trouva mort, et nul ne fut soupçonné ; ses compagnons l'accusèrent de maladresse, et tout fut dit.

Un seul homme dans le bagne pria pour le traître, ce fut Aulaire. Cette punition infligée par les forçats ne fit qu'accroître leur audace. La mort de Mitraille rendit à ces hommes la soif du sang qu'un moment l'on avait cru apaisée. Ils tournèrent vers les chefs des yeux pleins de haine, des yeux de bête fauve qui attend sa proie pour la dévorer.

Les punitions se multipliaient depuis quelques jours. Jean le Bourreau, au torse d'Hercule, aux jambes arquées, devait avoir les bras fatigués du poids des cordes goudronnées qu'il faisait si cruellement tomber sur le dos des misérables.

L'autorité sévissait; on se doutait que la révolte couvait dans le parti de Polichinelle; mais les châtiments jetaient de l'huile sur le feu, et portaient au plus haut degré l'irritation des malheureux à qui le retranchement du vin, le bâton et la double chaîne faisaient doublement sentir l'horreur de leur position. La tentative de Classique donnait raison à ces mesures répressives; mais on les rendit cruelles, et le cœur des bandits se gonfla de fiel.

Aulaire ne pouvait plus rien pour les calmer; les seuls forçats qu'il conservait pour auditeurs et pour amis étaient les pénitents de l'abbé Pascal, et ceux en qui le souvenir de la famille tenait éveillé le sentiment du repentir.

Le vieux galérien pouvait bien, au moment de l'insurrection, se jeter au-devant du couteau des assassins pour défendre la vie de ses chefs. mais jamais il n'aurait vendu ses camarades. Sa loyauté se fût révoltée devant la délation. Au nombre des adjudants de service que haïssaient les condamnés, était Maurice Pésas, un méridional dont l'œil menaçait, dont la parole brève avait le tranchant du sabre, dont le geste répandait la terreur dans les rangs des forçats. Plus d'une fois, ils s'étaient dit que leur patience aurait un terme et qu'ils se vengeraient un jour cruellement. Il fut convenu que la première punition infligée par Pésas serait, dans la nuit, suivie d'une révolte. Les galériens ne voulaient rien moins que semer dans la ville de Brest le pillage et l'incendie.

L'occasion appelée par Polichinelle et ses complices et dont, du fond de leurs cachots, étaient instruits Classique et Loïc, ne tarda pas à se présenter. A un signal donné, entre deux inspections, le chef des révoltés coupa sa chaîne; les conspirateurs, munis de limes et de scies qu'ils avaient dérobées à l'œil inquisiteur de la chiourme, furent en un instant sur pied. Un forçat, à qui Bleu-de-Ciel avait rendu plus d'un service, délivra le malheureux qui, ne voulant point se ranger du côté des insurgés, ne pouvait non plus lutter contre eux. En un instant, chaque forçat fut armé d'un couteau, d'un anneau brisé ou de maillons de chaînes. Ce fut un spectacle horrible que celui que présentaient alors ces hommes dont les ignobles figures devenaient plus repoussantes par l'expression d'une férocité sauvage.

La chiourme donne un signal d'alerte, les galériens répondent par la chanson de *la Veuve*.

Deux compagnies d'artillerie pénètrent dans la salle, les détonations des fusils se mêlent aux cris aigus de blessés, aux cris de vengeance de ceux qui survivent. La mitraille éclate et fait d'horribles ravages, les galériens ivres de fureur se précipitent sur les soldats et tentent de leur arracher leurs fusils, le désespoir les enivre, plusieurs se jettent au-devant des armes, des cris de rage et de douleur se confondent. Le sang coule à flots. Pareils à des tigres qui bravent l'arme du chasseur, on voit ces misérables bondir sur les gardiens, les déchirer avec leurs dents, à défaut de couteaux et de poignards, les étrangler comme des taugs de l'Inde, les étouffer entre leurs bras comme faisait Antée... C'était une scène horrible, atroce, épouvantable ; l'enfer seul en doit montrer de pareilles !... C'est en ce moment que Maurice Pésas entra dans la salle. Tous les bras se lèvent contre lui, tous les galériens bravent la mort pour la lui donner... Ils se ruent sur leur victime... L'adjudant, cerné par un flot hideux, appelle, tente de lutter, peine inutile, il fait un faux pas, il tombe, il va mourir.

Les forcenés se précipitent sur Pésas ; blessé d'un coup de couteau à la poitrine, menacé par vingt hommes décidés à payer de leur vie la satisfaction de s'être vengés, il jette autour de lui un regard effaré. Nulle pitié ne répond à son appel ; il pousse un sourd gémissement, se redresse, lutte encore, tombe et se relève... Soudain un bras lui est tendu, une poitrine devient son bouclier, et Bleu-de-Ciel atteint du coup qui menace l'adjudant roule aux pieds des conspirateurs.

Pésas, ivre de colère, aveuglé par le sang qui coule d'une large blessure que lui a faite au front le poignard de Polichinelle, ordonne de mitrailler de nouveau les galériens. Polichinelle est pris. A cette vue, les forçats perdent courage ; beaucoup des leurs ont succombé ; il leur est désormais impossible d'arracher la vie à leur ennemi mortel ; ils tombent à genoux, tendent les mains aux doubles chaînes, on les parque sous bonne garde, dans une vaste galerie.

La force reste à la loi.

Maurice Pésas est couché près de Bleu-de-Ciel, l'adjudant qui a reconnu son sauveur sent pour la première fois que ce forçat est un

homme, il avance vers lui une main tremblante qu'Aulaire repousse
doucement :

— Vous m'avez sauvé, dit l'adjudant.

— C'était mon devoir, monsieur.

— Votre devoir! peut-être, au point de vue de la conscience; mais
à l'égard de vos camarades?

— Je ne les aurais jamais trahis, il m'était impossible de les imiter.

— Bleu-de-Ciel, vous aurez votre grâce, je vous le promets!

— Dieu me la donnera! répondit le forçat dont les forces épuisées
trahirent le courage. Il s'évanouit.

Quand il reprit le sentiment de ce qui se passait autour de lui, il
était à l'infirmerie, et près de son lit se tenaient le commissaire Monvel et l'abbé Pascal.

— Ne trouvez-vous pas, monsieur, demanda l'aumônier, qu'on
pourrait enlever les fers de ce malheureux? Quoi! blessé pour la défense de l'ordre, usé par l'âge et les rudes travaux du bagne, ce malade, ce vieillard ne pourra retourner ses membres sur son lit de
douleur sans ressentir encore le poids de ses fers! Que le révolté soit
enchaîné; que la *chaussette* et la *manille* entravent les pieds du galérien valide, c'est justice; mais le malade, et surtout celui-ci...

Le commissaire fit signe à un des servants, qui disparut.

— Je me rends à votre désir, monsieur l'abbé.

Bleu-de-Ciel avait entendu vaguement ce qui se disait autour de
lui, mais quand il s'aperçut qu'on voulait lui ôter sa chaîne il s'écria :

— Par grâce, monsieur le commissaire, par pitié, monsieur l'aumônier, laissez-moi mes fers, ne voyez-vous pas que je vais mourir!

— Vous ne mourrez pas, Aulaire, répondit l'abbé Pascal, mais
vous souffrez, et monsieur Monvel désire alléger vos douleurs.

— Vous vous trompez, monsieur; mes souffrances me sont chères!
J'ai vécu chargé d'entraves; je les traîne depuis un demi-siècle, laissez-moi la consolation de mourir enchaîné...

— Étrange nature! s'écria Monvel.

— Admirable humilité! pensa le prêtre.

— Souffrez-vous beaucoup? demanda le commissaire.

— Beaucoup...

— Désirez-vous quelque chose?

Le regard d'Aulaire se tourna suppliant vers l'aumônier.

— Parlez, mon ami, dit le prêtre.

— Loïc porte la double chaîne..., murmura le malade, et Loïc expie
un dévouement sublime.

— Il n'a donné que trois ans de sa vie !

— Trois ans! fit Aulaire en se soulevant, trois ans ! vous ne savez
pas ce que c'est que le bagne, monsieur, pour un enfant qui aimait
tant ses landes et sa vieille mère !

— Vous, mon ami, vous avez sacrifié votre vie...

— J'approche du terme, dit le vieux forçat, et la grâce de Loï·
m'eût rendu bien heureux.

— Loïc sera gracié en votre nom, Aulaire.

Deux larmes roulèrent dans les yeux du malade. Il joignit les mains
et leva les yeux au ciel.

— Là haut, dit le forçat, vous trouverez la mesure d'indulgence que
vous aurez faite, monsieur Monvel! elle sera grande devant le Seigneur.

On apporta, dans l'infirmerie, des galériens expirants, et l'abbé Pascal, les assistant dans leur agonie, parla d'espoir et de miséricorde à
ceux dont les mains dégouttaient encore du sang fraîchement répandu.

C'est que la miséricorde céleste est sans limites comme le ciel où
elle réside ! Cette miséricorde n'a d'autres bornes que celles qui lui
sont opposées par l'impénitence. A la dernière heure, pendant la dernière minute, il est temps encore..., l'instant qui s'écoule pendant le
râle suprême suffit au Dieu qui se fit victime afin de pardonner aux
bourreaux... Il n'est jamais trop tard pour crier : Pardon ! Jusque
dans l'étreinte de l'agonie, jusque sous le couteau fatal on peut dire :
Ayez pitié de nous, pauvres pécheurs!

Les bras du Christ attachés sanglants à la croix ne se refermèrent
pas sur son sein pour nous repousser.

Quand la société maudit, le Christ pardonne; quand le juge con-
damne, le Christ absout; quand le bourreau tue, le Christ ressuscite!

Voilà ce que disait l'abbé Pascal, inclinant son front au chevet de
ceux qui agonisaient. Il leur montrait un ciel où les attendait le bon
larron, où Moïse et Macaire jadis coupables comme eux jouissaien
pourtant des félicités suprêmes. Quelques-uns s'inclinaient sous l'autorité de cette voix persuasive et s'humiliaient devant cette vertu :
d'autres, rebelles dans la mort comme dans la vie, maudissaient le jour
qui les vit naître et regrettaient de n'avoir pas augmenté le nombre
de leurs crimes.

Bleu-de-Ciel priait sans remuer les lèvres; le spectacle de ces ago-
nies lui brisait le cœur...

Tandis qu'il demandait grâce pour tous au pied du Calvaire, une
voix dit, assez haut pour que la plupart des malades pussent entendre :

-— La cour martiale s'assemble demain.

— C'est bon ! répondit un galérien, Polichinelle sera fauché.

— Et dire que nous ne verrons pas la fête ! répondit un autre forçat.

— Bah ! aujourd'hui son tour, demain le nôtre !

Un sinistre éclat de rire termina la phrase du misérable.

Tandis qu'un lugubre tableau se déroulait devant la cour spéciale qui juge les crimes commis dans l'intérieur du bagne, une scène touchante se passait dans la salle de l'infirmerie.

Une jeune fille de dix-huit ans, portant le costume des paysannes normandes, entra dans la salle soutenant sa mère qui tremblait, encourageant du geste un jeune homme dont le front couvert de rougeur n'osait se lever dans cette demeure de la honte.

Priscille jeta autour d'elle un regard inquiet, puis courant vers le lit d'un des forçats :

— Mon père ! mon pauvre père !

La femme saisit, à son tour, la main du condamné et la pressant dans ses mains :

— Me reconnais-tu, Gervais ?

Le galérien s'était assis sur son lit, son visage défiguré par la maladie et la douleur resplendissait maintenant d'une joie pure ; ce n'était plus le forçat, mais l'homme et le père qui répondit :

— Simonne, Priscille, vous ne m'avez pas oublié.

— Non, dit l'épouse en gardant entre ses mains les doigts déformés du misérable ; chaque soir nous avons prié pour le chef de la maison absent de son foyer. La parole des juges ne détruit pas celle du prêtre ; le code des hommes n'abolit pas l'Évangile, et celui qui perd ses droits de citoyen garde ses droits de père et de mari !

— Tant de vertu ! balbutia le malheureux.

Puis, apercevant le jeune homme qui, debout, immobile, demeurait au pied de son lit, il adressa du regard une question muette aux deux femmes.

Priscille rougit, Simonne dit au forçat :

— La ferme va mal ; les domestiques n'obéissent guère à deux femmes isolées et faibles ; quatre ans doivent s'écouler avant ton retour, j'ai pensé à choisir un gendre.

Les yeux inquiets et presque suppliants de Gervais se fixèrent sur le jeune homme.

— Pierre est travailleur, honnête et bon ; il m'a demandé la main de notre fille.

— Eh bien ?

— J'ai répondu oui! pour moi, parce qu'elle disait oui! dans son cœur, mais nous sommes venus chercher ton consentement.

— Mon consentement? balbutia Gervais, vous me demandez mon consentement, à moi le bonnet rouge! à moi le galérien méprisé de tous, enchaîné comme une bête sauvage! Femme, vous n'en avez pas besoin, le vôtre suffit pour qu'elle soit heureuse!

— Ainsi, demanda Simonne, ce n'est pas assez pour le malheureux qu'égara une heure de colère de perdre son repos et sa liberté, il faut encore qu'il renonce à son autorité paternelle... Ce ne sont pas là les conseils que j'ai reçus de ma mère, les leçons que j'ai données à ma fille, ni celles qu'elle doit léguer à ses enfants. Oui, Gervais, tu fus coupable envers la société : elle te châtie, je pleure et je respecte son arrêt pourtant... Ne me dis plus que le coup qui te frappe atteint deux femmes innocentes; quand ce serait vrai, je devrais encore te garder ce que Dieu me mit pour toi dans le cœur le jour où j'acceptai ton anneau de mariage... Pour Simonne, tu es resté doux et bon; jamais pour elle ta parole ne fut rude ni ton bras lourd. Priscille, elle, n'a connu de toi que des baisers et ta tendresse. Pauvre homme, ah! pauvre homme! garde espoir et courage quand nous te tendons les bras..., espère quand tu sais que l'on t'attend! Reprends aujourd'hui les droits du chef de famille que rien ne peut aliéner.

Priscille était à genoux près du lit du forçat, Pierre se tenait debout derrière elle; Simonne soutenait d'un bras le malade défaillant sous le poids d'émotions trop vives.

— Pierre, dit-il enfin, que je vous serve d'exemple... j'ai eu votre âge, votre franchise, votre probité; une heure d'oubli me jeta dans l'abîme... Ah! restez honnête homme, mon ami! Vous êtes bon, puisque Simonne vous amène; vous êtes bon, puisque mon enfant vous a choisi! Je ne vous dirai point ce qu'elle vaut, Pierre, la démarche qu'elle fait aujourd'hui suffit pour donner la mesure de son cœur... Aimez-la bien, Pierre, rendez-la heureuse!... Que mon humiliation ne retombe jamais sur sa tête... Priscille, mon enfant, donne-moi ton front que j'y pose encore mes lèvres...

La jeune fille se précipita dans les bras qu'il lui tendait. Le mouvement que fit le malheureux père fit résonner ses chaînes. Priscille, Pierre et Simonne tressaillirent douloureusement.

— Ma fille, dit le malade d'une voix que l'émotion étouffait, je te bénis pour la piété filiale qui t'amène au pied de ce lit d'ignominie... Mes mains enchaînées, en se posant sur ta tête, appellent sur toi toutes les bénédictions du ciel! Et Dieu qui fait le cœur

pes enfants et des pères ratifie dans le ciel la bénédiction du forçat.
Pierre était à genoux auprès de Priscille, le vieillard leur prit les
mains et retomba épuisé.

Simonne glissa ses épargnes sous la couverture, puis le groupe
affectueux se tint près de Gervais qui écrivit, d'une main tremblante,
son nom au bas d'un contrat de mariage.

Vous connaissez le tableau de Greuze, l'*Accordée du village*? Quelle
grâce, quelle naïveté, quelle candeur, quelle vérité dans cette toile :
eh bien ! un peintre de talent qui saisirait le côté poignant et drama-
tique de la scène que nous avons racontée ferait une toile plus profonde de sentiment que celle de l'*Accordée du village*.

L'heure du départ sonna, l'épouse, la jeune fille et Pierre s'éloi-
gnèrent ; sur le seuil de l'infirmerie, tous les trois se retournèrent vers
le galérien qui les bénissait encore et dont les yeux ne les apercevaient plus qu'à travers un brouillard de larmes.

Deux personnes avaient attentivement suivi cette scène : c'étaient
l'abbé Pascal et Bleu-de-Ciel.

L'aumônier s'approcha de Gervais.

— Vous avez toujours repousse mes consolations, lui dit-il ; mais
à cette heure votre âme est amollie, vous pouvez m'entendre et vous
m'écouterez... la voix de Dieu est encore plus consolante que celle
d'une fille et d'une épouse, et j'ai pour vous des paroles plus douces
que celles qu'elles vous ont dites tout à l'heure...

— Ah! parlez! parlez, monsieur l'aumônier, parlez-moi d'elles, de
Dieu, de la liberté qui me les rendra... n'est-ce pas que c'est grand ce
qu'elles ont fait : reconnaître encore l'autorité du misérable qui les a dés-
honorées... lui demander sa bénédiction à lui dont les mains?... Ah! vous
avez raison, monsieur Pascal, ce sont des anges, et c'est aux anges
de nous ramener à Dieu. Je puis tout supporter, maintenant, je suis
même sûr de ne pas mourir ! Je dois vivre pour racheter le passé, vivre pour expier ma faute, pour essayer encore de les rendre heureuses !

— Vous le pouvez en revenant à la vertu.

Oui, elles m'aiment toujours, ce qu'elles ont fait le prouve ; mais
le monde ne sera pas comme elles.

— Qui oserait se montrer plus sévère que Simonne et Priscille?

— L'opinion, monsieur l'aumônier.

— L'opinion se taira quand elle saura la vertu de ces deux femmes ;
elle applaudira à vos efforts ; et vous oublierez le passé. L'opinion n'est
pas implacable ; elle fait plus qu'oublier, elle pardonne, elle réhabilite.

— Elle réhabilite ?

— Écoutez cet exemple, ami, et qu'il vous rende le courage :

Il n'y a pas bien longtemps, un malheureux parvint à s'évader du bagne de Toulon et à se conduire pendant près d'un demi-siècle d'une manière admirable. Devenu maire de sa commune, il jouissait de l'estime de tous; son négoce prospérait, une famille nombreuse l'entourait de soins et de respect. Il recevait le tribut de vénération auquel a droit le magistrat populaire et le citoyen vertueux. Un seul homme possédait le secret du malheureux que quarante-sept années irréprochables séparaient des jours passés à Toulon. Une infâme et cupide pensée porta le confident à menacer l'ancien forçat de le dénoncer s'il ne lui payait pas une somme d'argent, considérable pour la position de fortune du père de famille. Il se voit perdu... On va détruire en une heure le résultat de tant d'efforts, de luttes et de souffrance ! Mais la Providence envoie un défenseur à celui que trahit un frère; M. Renaud, commissaire près l'administration du bagne, se fait l'avocat de l'évadé. Quarante-sept années de vertus plaident sa cause; toute une commune demande grâce, et il est sauvé!... Voyons, Gervais, cet exemple n'est-il pas de nature à vous rendre confiance et courage? Gervais, Dieu vous comble de faveurs pareilles : C'est Simonne, c'est Priscille, c'est Pierre, un noble cœur! qui viennent vous dire : Au nom de la famille dont les liens sont sacrés, nous te reconnaissons encore pour notre chef! C'est la religion que rien n'affaiblit et n'altère qui vous répète par ma voix : Il n'est pas trop tard pour te repentir; donne raison à celles qui ont eu foi en toi! Guéris la blessure que tu leur as faite; console ces cœurs ulcérés, mais où la haine n'eut point d'accès pour toi, pour elles, pour le Père qui, des cieux te convoque au pardon, humilie-toi, repens-toi, et sois absous !

En écoutant l'abbé Pascal, Gervais n'était plus le même homme; l'attendrissement dans lequel l'avait jeté la pieuse démarche de Priscille l'avait disposé aux pensées consolantes; il joignit les mains, baissa la tête, et reprenant l'histoire de sa vie depuis son enfance, il en déroula le triste tableau.

Quand il se tut, la voix onctueuse de l'aumônier cita les plus beaux textes de l'Écriture, les commenta pour éclairer cette âme abattue, les fit briller comme des astres de lumière aux yeux charmés de son intelligence, les posa comme des appareils sur les blessures que le vice avait faites à son cœur.

L'abbé Pascal passa auprès de Gervais une heure encore; puis en quittant l'infirmerie :

— Bleu-de-Ciel, dit-il, je vous le confie.

Le blessé se souleva, jeta sur l'aumônier un regard de gratitude, et fit signe qu'il acceptait.

— Courage, Aulaire !

— Ah ! dit Aulaire, que ne suis-je sur une croix !

— La vôtre est lourde !

— Monsieur, dit Bleu-de-Ciel, vous m'avez tant aidé que je n'ai point eu de mérite... Ce pauvre Gervais est tout au bien maintenant, grâce à vous ! mais il vous reste à remplir une tâche plus pénible : la cour martiale ne peut prononcer qu'une condamnation.

L'abbé secoua la tête.

— Il ne faut pas que Polichinelle meure sans repentir, Aulaire, priez, priez beaucoup pour lui !

Un instant après, l'abbé Pascal pénétrait dans le cachot au fond duquel on avait jeté Polichinelle qui, blotti dans un coin, ressemblait à une bête fauve prête à prendre son élan pour dévorer une proie. L'aumônier s'approcha de l'assassin.

Le petit malheureux demeura cinq ans avec ses bourreaux (*Voir page* 50).

V

LES BATELEURS

Le cachot de Polichinelle était obscur et froid ; là, nulle espérance ne pouvait venir au secours du misérable, et les seules pensées qui

roulaient dans sa tête le reportaient vers des années lointaines qui rendaient vivant et aussi plus cuisant pour lui le souvenir de ses fautes.

Un matin, sous une des arches du pont du Gard, qui porte si haut
la gloire romaine, et dessine sur le beau ciel du Midi son triple rang
d'arcades rougeâtres, une troupe de saltimbanques, qui cherchait souvent un refuge dans les grottes qui entourent ce lieu sauvage, trouva
un enfant de deux ans abandonné sans doute par sa mère. L'enfant
était pâle, chétif, malingre: les longues privations, subies depuis sa
naissance, avaient mis leur stygmate sur son visage; les bateleurs,
jugeant qu'on pouvait tirer parti de cette chétive créature, l'em-
menèrent.

Pendant deux ans l'enfant mendia en se traînant à côté d'une jeune
femme qu'il appelait sa mère pour mieux apitoyer la charité publique;
quand le chef de la bande le trouva propre à commencer un autre
métier, on lui apprit des tours d'adresse. Les dures corrections et la
privation de nourriture enseignèrent à Polichinelle à marcher sur la
tête, à tenir une chaise entre ses dents, à équilibrer sur sa poitrine
bombée une perche au sommet de laquelle on plaçait une boule. Le
petit malheureux, sans famille, sans pain, sans asile, demeura cinq ans
avec ses bourreaux. Mais ceux-ci, ne trouvant plus assez de profit dans
leur métier de saltimbanque, commencèrent à y joindre la vente
d'objets volés, le recel, tout ce qui constitue l'apprentissage du vol
et conduit infailliblement à la cour d'assises. L'enfant montra de
l'adresse et du flair; il devint l'un des meilleurs sujets de la troupe.
Pris sur le fait, un jour qu'il dépouillait un étalagiste, il fut mis dans
une maison de correction jusqu'à vingt ans.

Pour la première fois il entendit parler [de Dieu, mania un outil et
comprit qu'il avait suivi une voie mauvaise. Des instructions paternel-
les, un travail réglé lui firent prendre de bonnes résolutions; il promit de changer de conduite, et quand il quitta le pénitencier, on était
en droit d'espérer quelque chose de l'avenir.

Il chercha de l'occupation, mais il n'avait point de livret, rougissant
de honte ou tremblant de crainte et n'osait dire de quelle maison il
sortait. Flétri dès l'enfance par les mauvais conseils, frappé d'une condamnation, il erra de boutique en boutique, vagua dans les rues, se
demandant s'il ne ferait pas mieux d'en finir avec la vie, quand, sur le
Pont-Neuf, il reconnut l'ancien chef de la bande des bateleurs, Mâche-
Fer, qui pour le moment, placé derrière une petite table sur laquelle
se tenait gravement un hibou, vendait à la foule du savon à détacher,
de l'opiat pour les dents et un collyre pour les yeux.

Dans le dénûment où se trouvait Polichinelle, cette rencontre lui sembla un heureux hasard. Il profita du moment où le boniment du charlatan étant fini et la recette recueillie, il pouvait l'aborder sans être remarqué et renouveler connaissance.

— Mâche-Fer !

— Polichinelle !

Ces deux exclamations se confondirent, le charlatan, agréablement surpris, prit avec autorité le bras du jeune homme, l'entraîna chez un marchand de vin, le fit entrer dans un cabinet retiré, commanda un dîner copieux, grisa presque le malheureux, et lui demanda ses confidences.

— Mâche-Fer, dit Polichinelle, vous m'avez abandonné lâchement ; je travaillais pour vous et, au tribunal, personne de la troupe n'est venu me réclamer ni me défendre. Cela n'est pas bien de votre part ni de celle des camarades.

— Ceci, mon petit, mérite une explication, dit le charlatan. Tu avais volé, bien volé ; tu te laisses prendre en flagrant délit comme un imbécile, et tu veux que j'aille dire posement à la justice : Pardon, excuse. Messieurs, ce vaurien est mon élève ; c'est à moi que revient l'honneur de l'avoir formé. Çà, mon bonhomme, c'est des bêtises. On se fait attraper, c'est un malheur ! mais les habiles ne paient point pour les maladroits ! Ta peine est finie, te voilà libre comme l'air ; tu sais le métier de clown et de paillasse ; tu danses agréablement la *trenca*, et sans doute que là bas on a eu l'intention de t'apprendre un état bien honnête !

— Je suis serrurier, répondit Polichinelle.

— Mes compliments ! Bon métier, répondit le saltimbanque, et qui peut rapporter gros. Pour le quart d'heure, tu es sans le sou et je suis en fonds ; je t'offre la moitié du matelas de mon garni et un couvert à ma table :

Ça te va-t-il ?

Polichinelle frappa dans la main du charlatan :

— Ça me va ! dit-il.

Tous deux, légèrement avinés, quittèrent bras dessus, bras dessous le cabinet du marchand de vin, pour rentrer dans une maison sale, puante et obscure, où le saltimbanque occupait un sordide grenier.

Autour de cette pièce, dont les poutres et les poutrelles laissaient passer un air glacial, était tendue une corde, servant à suspendre un nombre infini de costumes. On se serait cru dans la boutique d'un fripier : depuis la blouse de l'ouvrier jusqu'à la redingote du bourgeois, la veste du paysan et le carrick du cocher de fiacre, on trouvait toutes les variétés de vêtements qui annonçent l'honnêteté, le travail, la pauvreté, le luxe, la fainéantise, l'ordre ou la débauche ; des habits de paillasse et d'arlequin, des robes de magicien, des oripeaux de danseurs se balançaient côte à côte. Au-dessus étaient accrochées des coiffures variées et bizarres qui complétaient chacun de ces déguisements. A terre se trouvaient les chaussures.

Il faut convenir que le magasin de costumes de Mâche-Fer était bien approvisionné et d'un ordre irréprochable.

Au centre du grenier s'étendait un matelas, couvert d'une maigre couverture, plus loin était une table encombrée de fioles, de muscades, de gobelets, de crayons et de boîtes d'opiat ; dans un coin un orgue de barbarie ; sur la cheminée, une bouteille d'eau-de-vie, deux assiettes fendues, une vieille soupière tout ébréchée, une fourchette à trois dents et un gobelet d'étain.

Le saltimbanque passa le premier, éleva légèrement le chandelier, dans lequel coulait au vent une chandelle de suif, et dit avec un certain orgueil :

— Voilà !

Polichinelle fit l'inspection du grenier, et disposé, par un dîner excellent et du vin capiteux, à trouver tout magnifique, comme le charlatan lui-même, il répondit :

— Vous êtes calé, maître.

— La nuit porte conseil, dit Mâche-Fer, pionce.

— Tous deux s'étendirent sur le matelas, et si le vieux saltimbanque ne dormit pas, il laissa du moins reposer jusqu'au jour le malheureux Polichinelle.

Quand celui-ci fut levé, le maître lui montra une blouse, chercha dans un coin du grenier un sac de cuir, plaça sur un billot une enclume volante, et dit à son élève :

— Tu es serrurier, je crois ?

— Serrurier fini.

— Voilà une empreinte, fais-moi une clé.

Polichinelle devint pâle.

— Je veux bien travailler, dit-il, vendre des savons et de l'eau de Cologne, débiter des absurdités aux Parisiens, reprendre ma queue rouge et un costume de bateleur, mais je ne veux pas retourner en prison.

— Qui est-ce qui t'en prie ? demanda brusquement Mâche-Fer.

— Cette clé que vous me demandez...

— Ce n'est pas ton affaire !

— Si, puisque vous voulez que j'y travaille. Quand on a besoin d'une clé, on la fait faire ostensiblement, et les empreintes ne sont pas nécessaires... Il s'agit d'un vol...

— Eh bien, après...

— Je ne serai pas votre complice.

— Voilà tes grands mots, dit Mâche-Fer ; mais je suis bon homme au fond, et je veux bien discuter avec toi. Crois-tu qu'en vendant des boulettes de mie de pain pour guérir de la fièvre, de la pierre pilée pour blanchir les dents, et un papier jaune pour l'extirpation des cors, je puis m'enrichir? Tu ne voudrais pas! Ceci est mon industrie avouable, autorisée par la police, appréciée par les badauds. Le soir, je deviens ce que veut la circonstance, ouvrier, soldat, homme de la police et toujours voleur à l'occasion.

J'ai un coup superbe... dans huit jours... je t'offre d'en être : accepte, ce sera le meilleur. Où iras-tu, et que veux-tu faire? Tu sors d'une maison de correction, belle recommandation pour ton avenir ! Et quand un maître te prendrait par pitié, si les ouvriers apprennent qui tu es, ils te feront chasser par esprit de corps. Le compagnonnage ne souffre pas de gens atteints d'une condamnation. Toute ta vie est brisée par l'arrêt qui te frappa à quatorze ans.

— Toute ma vie! répéta Polichinelle.

— Si tu veux, reprit Mâche-Fer, tu peux te créer une position encore, associe-toi à notre bande...

— Vous m'avez déjà perdu ! s'écria le jeune homme.

— Ingrat ! dit le saltimbanque, je t'ai trouvé mourant de faim, sous le pont du Gard, je t'ai recueilli, instruit, nourri, mis à même de gagner ta vie !

— Vous avez fait de moi un voleur voilà tout ! fit Polichinelle en éclatant.

— On ne peut montrer que ce qu'on sait..., répondit le charlatan avec modestie.

— J'ai promis d'être honnête, je le serai.

— Si tu le peux !

— Je chercherai, je trouverai...

— La potence, niais! au reste, tu es libre, va-t-en, informe-toi, demande du travail et un gîte, et si tu meurs de faim et que mes conseils te semblent bons, retiens mon adresse, 5, rue de la *Vieille-Lanterne!*

Polichinelle sortit, pendant trois jours il demanda inutilement de l'ouvrage, pendant trois jours la tentation le prit de retourner chez Mâche-Fer.

Le quatrième, il dînait et s'enivrait avec lui. La clé demandée était faite. Polichinelle repris dans le fatal engrenage ne tarda pas à mettre plus avant les pieds dans le crime; d'escroc il devint voleur. Condamné, libéré, pris, repris, conduit de prison en prison, de bagne en bagne, il en vint au dernier degré de l'abrutissement: la férocité étouffa le peu de bons instincts qui s'étaient fait jour dans son âme. Complice d'un assassinat, il fut condamné aux galères à perpétuité.

C'est alors que, loin de se repentir, il se targua de ses vices, se fit de ses crimes un hideux piédestal, prêcha la révolte, devint l'avocat des misérables, s'attacha à pervertir ceux de ses camarades qui regrettaient au fond du cœur l'innocence première de leur vie... Si, parfois, en entendant Aulaire, il avait fait un retour sur lui-même, l'impression s'effaçait vite; il voulait rester vicieux pour garder sa hideuse influence.

Bientôt le dégoût de l'existence l'envahit, il n'espérait plus s'évader; il n'aperçut en face de lui que la vie du bagne rendue plus horrible à cause de son insubordination et des défiances qu'éveillait son adresse. Puis, dans sa haine du bien, il voulut balancer le pouvoir bienfaisant de Bleu-de-Ciel, et plonger les malheureux qui l'entouraient dans les ténèbres au milieu desquelles son âme demeurait ensevelie. L'insurrection éclata; elle fut réprimée par les soldats; et déçu dans sa vengeance, il ne restait plus à Polichinelle qu'à mourir... Mourir le lendemain même de son crime!

Sans doute, rien n'est plus horrible à voir qu'une exécution : la foule avide circule, se presse, se heurte et afflue autour d'une machine noire, hideuse, aux longs bras! Souvent, au milieu des malédictions du peuple, on voit s'avancer un criminel pâle de terreur, vêtu de la livrée du crime et du vice. Un prêtre est à ses côtés qui lui parle et l'exhorte doucement en lui montrant un crucifix..., il monte les degrés de l'échafaud, son regard erre sur ceux qui vont être les témoins de son supplice...

A cette heure il vit, il pense, il parle, il peut prier Dieu, lui recommander son âme, demander pardon à la foule. L'air, le ciel la terre sont encore à lui! dans une seconde sa langue sera glacée, son corps une masse informe, il ne pensera plus, il ne parlera plus... Et son âme que remplirent tant de coupables pensées, où sera-t-elle? Et son cœur qu'effleurèrent quelques affections pures, battra-t-il encore? Il est debout sur son dernier théâtre, il jouit de ses

facultés d'homme ! Tout à coup on le lie à une planche..., il sent un
mouvement de bascule..., son oreille effrayée perçoit le bruit du couteau qui grince et s'abat enfin avec la rapidité de la foudre : il est
retranché de l'humanité !

Sans doute, cette heure est horrible et cet appareil effrayant ! Eh
bien ! quand on le compare aux exécutions dans les bagnes, il perd
une partie de l'effroi qu'il inspire, et le misérable qu'attend le forçat-
bourreau demanderait à grands cris l'exécution publique, s'il pouvait
espérer de l'obtenir. Il mourra, mais dans l'enceinte du bagne, entouré de ses frères en malheur qui, la tête baissée, agenouillés en
face de son échafaud, envient peut-être la fin de sa misère. La société
ne semble plus punir, mais se venger, par cette exécution cachée à
tous les yeux, hors à ceux des hommes qui peuvent la mériter demain.
Le manque, nous pouvons le dire, de mise en scène — car ce mot seul
rend notre idée — fait du jugement de la cour martiale une sorte de
tribunal qui rappelle les francs-juges.

Nous préférerions un second procès public, un jury, une défense,
un réquisitoire. Le forçat, bien que flétri, est encore un homme ; une
fois au bagne, le misérable galérien devient un être purement passif :
toute excuse dans sa bouche devient une injure, la réflexion un atten-
tat au respect. Si, pendant son jugement, le forçat qui a tenté de s'é-
vader, insulté ses chefs, fomenté la révolte ou frappé un gardien,
pouvait s'expliquer à son tour, peut-être la condition générale de ces
malheureux y gagnerait-elle. Tout arbitraire de la part des surveillants
disparaîtrait ; la brutalité serait réprimée ; les punitions de la corde, si
sanglantes et si douloureuses, deviendraient moins fréquentes. Le
forçat ayant le droit de se plaindre ne penserait pas à se venger.
En admettant ses observations comme légitimes on calmerait ses
méfiances.

— Ah ! s'ils possédaient le sentiment de la foi, de quelque durée
que fût leur condamnation ils ne chercheraient pas à briser ces fers
dont la société les charge en expiation de leurs crimes ; ils les porteraient pour l'amour de Celui qui fit flageller Pilate, et auquel on pré-
féra Barrabas ; ils les porteraient en les unissant aux chaînes dont
furent honorés ces martyrs du Christianisme qui tendaient vers des
chaînes réputées infamantes des mains pieusement avides. Les mar-
ques de leur captivité ne seraient plus qu'un appel au repentir ; l'expiation cesserait d'être une torture ; l'évasion serait jugée une folie.
Le condamné attendrait tout du Ciel et des lettres de grâce. Il cher-
cherait, pour épancher son repentir, le cœur d'un homme de Dieu

voué à l'allègement des douleurs morales, il jetterait dans cette âme
pure le fardeau de son crime, il pleurerait sans honte aux pieds de
celui qui le relèverait au nom de son Maître. Il se jugerait lui-même
devant le tribunal de sa conscience, se condamnerait et finirait par
accepter le châtiment de ce monde, dans l'espoir d'être absous aux
grandes assises du genre humain.

Et ce n'est pas seulement un aumônier qu'il faudrait au milieu de
cette population de damnés, c'est trois, quatre, dix prêtres, jeunes,
ardents, dévorés du feu d'une charité céleste qui, au lieu d'aller,
comme leurs frères des missions, enseigner les mystères du Catholi-
cisme aux malheureux sauvages, se voueraient aux populations cor-
rompues des bagnes, enfouiraient leur vie dans cet abîme, s'offriraient
en holocauste, verseraient sur ces fronts coupables le baptême d'une
instruction chrétienne, qui souvent leur manque, les rappelleraient
au sentiment de la probité, qui n'est pas éteint chez eux, à celui de la
famille, qui y surgit presque toujours ; ils ouvriraient à leurs yeux
l'horizon de l'avenir, leur montreraient le travail régénérant l'homme
pervers, la religion l'absolvant de ses fautes. Ils leurs promettraient
un appui quand l'heure de la libération sonnerait pour eux, et les
pauvres reprendraient confiance et courage.

J'ai la profonde conviction que les condamnés et les administrateurs eux-mêmes y gagneraient : moins d'argousins et plus d'aumôniers; moins d'articles de Code, plus de paroles d'Évangile ; moins
de règlements mais une bibliothèque dans laquelle les malheureux
puissent trouver un volume qui les instruise, les console, les fortifie, les
améliore et les sauve d'eux-mêmes.

Nous sommes loin des temps où la justice tortionnaire croyait avoir
besoin, pour se grandir, de l'épouvantable appareil de la question et
des raffinements de la barbarie.

Voilà ce que disait souvent l'abbé Pascal à l'administrateur, homme
éclairé, sérieux et bon, qui trouvait dans sa position une responsabilité énorme, acceptait sa tâche comme un sacerdoce tenant à la fois
du tribunal et du juge et du ministère du prêtre, et ne cessait de chercher avec l'aumônier le moyen d'alléger les immenses douleurs qui se
concentrent dans les prisons.

De grandes améliorations avaient signalé l'union intime du prêtre
et du commissaire ; ils s'estimaient et s'aimaient. Quand l'autorité ne
pouvait faillir, le ministre saint avait le droit de demander grâce,
et les forçats s'attachaient a l'abbé Pascal par les liens de la reconnaissance.

Les bagnes ont beaucoup gagné depuis quelques années, disait
M. Monvel, mais il reste bien à faire encore, je le reconnais.

L'amélioration viendra d'en haut, et les bénédictions des malheureux paieront amplement les labeurs de ceux qui se seront faits les
avocats de leur cause méprisée, répondait le prêtre. Qui sait ce que pèse
devant Dieu la prière du forçat qui joint en suppliant ses mains enchaînées? Plus grande est sa misère et son ignominie devant les
hommes, plus grand est son pouvoir d'intercession près de celui qui
se dit le Rédempteur de ses esclaves. Pour tous, même pour celui qui
blasphémait encore dans le cachot qu'il devait quitter le lendemain,
le Christ montrait au Père ses plaies immortelles et demandait une
grâce que les hommes ne pouvaient plus accorder...

Lorsque l'abbé Pascal entra dans cette demeure souterraine, Polichinelle fit un geste répulsif.

— Allez-vous-en, dit-il d'une voix rauque, car si j'avais un couteau
je vous tuerais !

— Pourquoi ?

— Vous êtes mon ennemi, vous et la bande de Bleu-de-Ciel, vous
nous méprisez pour nos crimes et vous gardez vos préférences pour
des hypocrites.

— Aulaire vous a-t-il jamais fait du mal ?

— Lui, le 1380? Il s'est toujours mis en lutte ouverte avec moi; il
persuade aux compagnons avec de mielleuses paroles que leur peine
sera moins rude s'ils veulent prier..., il leur dit qu'ils trouveront de
l'ouvrage en quittant le bagne, ce n'est pas vrai !

— Je m'en occupe, répondit doucement l'abbé Pascal.

— Je ne vous ai pas fait demander, allez-vous-en ! vociféra le condamné ! vous avez votre devoir à remplir près de ceux qui vous appellent; moi, je ne crois à rien !

— Peut-être ne vous a-t-on rien appris.

— Si, à voler !

— Infortuné ! dit l'aumônier, et s'approchant plus près du misérable :

Quoi ! jamais une mère...

— Je ne l'ai pas connue...

— Qui vous éleva?

— Des bateleurs ! c'est une drôle d'histoire que la mienne..., l'enfant abandonné du pont du Gard ne pouvait autrement finir ! il y en a
qui sont nés pour la *dèche* et la corde !

— Eh bien, voulez-vous me raconter votre vie ?

— Oui, dit brusquement le forçat..., je ne me confesse pas, comprenez-le bien, mais je prouve à l'abbé Pascal que ma destinée était de venir ici...

Polichinelle raconta ce que nous venons de dire. Quand il eut fini, il se tourna vers le prêtre dont la tête était ensevelie dans ses deux mains.

— Je vous fais horreur, n'est-ce pas?

L'abbé Pascal leva son front pâle et regarda le condamné..., des larmes ruisselaient sur son visage.

— Vous pleurez! s'écria Polichinelle, vous pleurez sur moi, sur mes crimes!

— Sur vos malheurs, mon fils!

Le condamné se tut un moment, ses membres étaient agités d'un tressaillement convulsif.

— Pourquoi me témoignez-vous de la pitié?

-- Parce que je vous aime, mon ami.

— C'est impossible! vous ne devez aimer que les honnêtes gens.

— Je dois aimer tous ceux qui souffrent.

— Je ne comprends pas cela, dit le forçat; ce n'est point par intérêt que vous vivez au milieu des galériens?

— J'étais riche selon le monde, mon ami; avec cette fortune j'ai fait construire de vastes ateliers et des chambres nombreuses, afin que ceux d'entre vos compagnons qui voudront revenir à la vertu, trouvent un asile, du travail et de bons conseils. C'est là que j'irai mourir..., quand mes forces épuisées ne me permettront plus de vous évangéliser, je me retirerai au milieu de ces pauvres gens, et mes dernières paroles les consoleront encore.

— C'est beau ce que vous faites là, dit le condamné; mais toute vertu mérite sa récompense, comme tout crime son châtiment; moi, j'aurai la tête tranchée pour avoir donné un coup de couteau à Pésas, et vous...

— Moi, je verrai pendant l'Éternité Celui qui descendit parmi les hommes, se fit pauvre, devint proscrit et mourut dans d'horribles douleurs.

— Vous croyez cela, monsieur l'abbé?

— Mon ami, j'en donne ma vie pour preuve. Avant la venue du Christ, il n'y avait sur la terre que quelques heureux; ces hommes opulents se faisaient servir par une race nombreuse, vouée aux travaux de la brute; les maîtres avaient le *droit*, tant ces esclaves étaient leur propriété absolue, de les jeter dans les viviers pour engraisser

leurs murènes. Nul n'élevait la voix en faveur des malheureux: sans
patrie et sans famille, ils étaient destinés, dès la naissance, à la captivité,
à la torture, à la mort. Le Christ parut. Pauvre, obscur pendant son
adolescence, il prêcha, durant trois années, l'égalité des hommes
devant Dieu, et mourut sur une croix du supplice des esclaves... Ceux
qui crurent en lui professèrent la même doctrine; des apôtres aux
disciples, des disciples jusqu'à nous, la morale évangélique s'est con-
servée pure de toute atteinte, et nous venons vous dire ce qu'il vous
dirait lui-même, s'il redescendait parmi nous : *Venez à moi, vous tous
qui êtes surchargés, car je vous soulagerai!* Votre fardeau est lourd,
mon ami. Une enfance abandonnée, des métiers abrutissants, une jeunesse écoulée dans une maison correctionnelle ; des fautes entraînant
d'autres fautes... Enfin le sang versé!... C'est horrible! Mais si
l'homme frémit en moi, vous ne trouvez dans mon cœur de prêtre
qu'une indulgence sans limite ! Vous avez volé, n'importe, vous êtes
mon frère ! Vous avez tué, vous êtes mon frère encore ! Vous n'attendez plus rien du monde, vos complices eux-mêmes seraient impuis-
sants à vous secourir; ce cachot ne s'ouvre que sur la cour de l'exécution... Votre horizon est borné par le couteau de la guillotine! Voilà
ce que crie le présent !

Mais moi, armé du souverain pouvoir d'un Dieu qui m'a dit : Pardonne jusqu'à *septante fois sept fois !* moi qui représente ici sa miséricorde infinie, je vous répète... Agenouillez-vous, priez, repentez-
vous. Et pour un soupir, un mot, une larme, je vous ouvre le ciel ;
je vous donne les joies sans fin de l'éternité bienheureuse!

En achevant ces mots, l'abbé Pascal entourait de ses bras le misérable immobile, sa tête vénérable touchait le front rasé en signe d'infamie, sa voix suppliait, son âme se fondait dans le brasier d'une
charité sublime, elle pénétra, elle amollit, elle bouleversa et changea
l'âme du forçat...

— Qui êtes-vous, oh ! qui êtes-vous, pour me tenir un pareil langage, pour me presser les mains, pour me baigner de vos larmes,
pour prendre sur vous ma douleur et me laisser l'espérance?

— Je suis prêtre ! répondit l'abbé Pascal, et je remplis mon mandat.

— Mon Père, demanda Polichinelle, ne m'accusera-t-on pas de là-
cheté?

— Non, mon ami, et quand les plus endurcis de vos camarades
railleraient votre repentir, ne pouvez-vous offrir à Dieu cette humiliation expiatoire ?

Le galérien recommença le récit de sa vie, non plus, comme la première fois, pour accuser la société, maudire ses juges et ses camarades, mais pour se reconnaître coupable et se frapper la poitrine.

L'abbé Pascal était maintenant obligé de modérer sa douleur et son repentir; il avait triomphé d'une des natures les plus rebelles qu'eût rencontrées sa patience.

Il trouvait au fond de son cœur des encouragements sublimes, des cris admirables. Il défendait le malheureux contre la crainte du jugement suprême.....

Et dans le cachot sans clarté, sur le sol humide, entre le condamné qu'attendait le bourreau et le prêtre au visage austère, ascétique, se passait une scène tellement grande et tellement au-dessus des choses de ce monde que les anges, témoins indicibles de cette régénération, pourraient seuls la décrire.

Mâche-Fer avait été arrêté comme incendiaire (*Voir page 7.*).

VI

LA FAMILLE DE PEMZEK

Abandonnons un moment la sombre enceinte du bagne, et à travers un dédale de rues, pénétrons dans la ruelle qu'habite la famille de Pemzek, le tailleur de pierres.

Tina, la jeune mère, une ombre au front, file une quenouille de chanvre, en agitant du pied le berceau du dernier de ses enfants. Le pain acheté avec le produit de la collecte des compagnons a soutenu pendant quelques jours les malheureux ; maintenant la huche est vide : la misère et la famine rentrent dans cette demeure, dont le chemin n'est connu de personne. Pour endormir son petit enfant qui pleure, Tina cherche une chanson dans sa mémoire, elle ne trouve que celle du laboureur si belle et si triste, et qui lui fit quitter les Montagnes-Noires pour le port de Brest :

« Ma fille, » dit la vieille et douce complainte, « quand tu passeras à ton doigt l'anneau d'argent, prends bien garde à qui te le donnera »...

« Ma fille, quand tu choisiras un mari, ne prends pas un soldat, car « sa vie est au roi ; ne prends pas un marin, car sa vie est à la mer ; « ne prends pas un laboureur, car sa vie est à la fatigue et au malheur. »

— Hélas ! pensa la femme de Pemzek, la vie de l'ouvrier des villes est plus amère encore. Elle poursuivit :

« Le laboureur se lève avant que les petits oiseaux soient éveillés « dans les bois, et il travaille d'arrache-pied jusqu'au soir. Il se bat « avec la terre sans paix ni trève, jusqu'à ce que ses membres soient « engourdis, et il laisse une goutte de sueur féconde sur chaque brin « d'herbe ! »

Tina pensait : Pemzek se lève à la pointe du jour ; le pic est plus rude à manier que le hoyau, la houe ou la bêche ; il travaille sous le soleil ou la pluie, sans se reposer à l'ombre des grands chênes comme font les paysans. La poussière du granit lui brûle les yeux ; au lieu d'écouter chanter les oiseaux dans les buissons et dans les branches, il entend les refrains grossiers des hommes qui travaillent près de lui. Pemzek est le compagnon de labeur des forçats ! chaque bloc de pierre équarri et poli coûte une des années de sa vie ! Son existence est plus misérable !

Elle commença le troisième couplet :

« Et chaque année il faut payer le fermage au maître, et si l'on est « en retard le maître envoie ses sergents. — De l'argent ! le labou- « reur montre ses champs désolés et ses crèches vides. — De l'argent ! « de l'argent ! le laboureur montre les cercueils de ses fils morts à la « peine, qui sont à la porte, couverts d'un drap blanc. — De l'argent ! « de l'argent ! Le laboureur baisse la tête, et on le conduit en prison.. ».

Tina jeta autour d'elle un regard effaré, comme si elle apercevait déjà les huissiers qui, disposés à saisir, ne trouveraient que la paille du lit de ses enfants !

De l'argent! — de l'argent! répétait-elle, il m'en demandera demain l'homme sans cœur qui nous a menacés... que répondrai-je? Rien ici, rien, plus rien, que mon anneau d'argent... et j'aimerais mieux mourir que de m'en séparer... Les champs ne sont jamais aussi stériles que les pavés ; où le blé manque pousse le foin pour l'étable ; et les fruits des pommiers paient la récolte perdue ; mais dans les villes, quand le bras de l'ouvrier retombe lassé du labour, rien ne le remplace, et le salaire de la femme ne paie pas le sel de la misérable cuisine... Mes pauvres enfants sont devenus pâles comme des *fleurs de lait*... La sainte Vierge les rappellera pour en faire des anges... ô mon Dieu! mon Dieu ! qu'ils seraient plus forts, plus beaux et plus roses, s'ils pouvaient jouer comme moi jadis dans un courtil égayé par des abeilles... Pas d'air, pas de jour, pas même de sourires ! les larmes de leur mère, et puis, la faim...

Tina secoua la tête.

— Cela ne peut pas durer ainsi, ô mon Dieu !

Une pensée traversa son esprit, elle se leva et, enlevant sa coiffe blanche, elle défit son chignon de blonds cheveux qui descendaient le long de sa jupe noire.

— Aux Pardons, j'aurais eu pour ma chevelure un beau mouchoir de Chollet; dans les villes j'en obtiendrai davantage. Elle embrassa le petit enfant qui venait de s'endormir, fit signe aux trois autres de garder le silence, et descendit les escaliers aussi rapidement que le lui permit l'obscurité.

Une boutique de coiffeur était ouverte, étalant à sa devanture deux bustes de carton colorié; Tina entra; tremblante et confuse, elle demanda si l'on voulait acheter ses cheveux Le coiffeur palpa, soupesa, mesura de l'œil les flots blonds qui tombaient sur les épaules de la fille du Léonais et lui répondit :

— Je vous en offre dix francs.

— Dix francs ! je veux bien, répondit Tina, coupez vite, bien vite, monsieur.

Une paire de grands ciseaux fut choisie, le fer grinça dans la chevelure épaisse, Tina secoua la tête, puis se leva, remit sa coiffe modeste et tendit la main.

Elle partit en courant, acheta de quoi souper, et regarda les apprèts du repas avec une joie inexprimable.

Le pas de Pemzek se fit entendre dans l'escalier, elle ouvrit et se jeta dans les bras de son mari.

— Tu rentres bien tard, lui dit-elle.

— Mauvaise journée, dit le tailleur de pierres.

— A--tu perdu de l'ouvrage ?

— Non !

— Souffres-tu ?

— Beaucoup, Tina ; je vais être accusé d'avoir vendu un pauvre compagnon.

— Ce n'est pas possible !

— Non, ma bonne Tina, tu me connais, toi, et tu sais qu'il n'est pas croyable que j'aie trahi, tu as raison ; mais les apparences sont contre moi...

Il raconta alors dans tous ses détails le dévouement inouï du pauvre Loïc.

— Que le Seigneur le bénisse ! pour avoir songé à donner du pain à mes enfants, dit la pauvre mère.

— Je ne toucherai pas à cet or, reprit vivement Pemzek ; le voilà condamné à la double chaîne, et nous n'en sommes pas moins sans ressources.

— Dieu y pourvoira, sans doute, dit Tina avec une douce résignation.

L'ouvrier, accablé d'angoisse, laissa tomber lourdement sa tête dans sa main. Pendant quelques instants, tous les deux gardèrent un pénible silence.

— Pemzek, il faut souper, dit la jeune femme, le travail est de tous les jours.

Le tailleur de pierres remarqua la petite table servie.

— Qui t'a donné de l'argent ? demanda-t-il.

Tina enleva sa coiffure de lin ; l'ouvrier poussa un cri de regret ; puis lui prenant les deux mains :

— Je remercie le Seigneur de t'avoir donnée à moi, dit-il d'un accent ému.

— Vous avez raison ! dit derrière eux une voix grave.

Le tailleur de pierres et Tina se retournèrent vivement vers la porte du logis. Une femme, vêtue de noir, était debout à l'entrée de la chambre.

— Je suis la mère de l'abbé Pascal, dit-elle simplement d'une voix douce.

— Entrez, madame, dit Pemzek, vous ne pouvez venir que pour nous consoler.

La dame de charité promena son regard attristé sur les grabats, les enfants et le couple immobile devant elle :

— Que de douleurs ! murmura-t-elle.

— La misère n'est rien pour ceux qui ont l'âge et la force de souffrir ; nous ne nous plaignons pas, nous ne sommes tristes que pour nos enfants.

— Heureusement que vos peines sont finies ! Pemzek, mon fils m'a raconté votre vie, votre compatissante amitié pour le pauvre Loïc, le dévouement de ce malheureux et votre désintéressement... Je cherche partout ceux qui pleurent et pâtissent, mais la ville est grande et bien des misères ont comme la vôtre la pudeur de se cacher... Mais la Providence veille et inspire les cœurs généreux. Le malheureux ménage ne sera point vendu par un maître impitoyable, mais échangé pour un autre, plus commode et plus complet. Ma maison est grande, très grande ; venez y occuper deux pièces saines, où circulent l'air et la lumière ; vous y jouirez de la vue de la mer, de l'animation du port, de la gaîté de la ville. Pauvre jeune mère, mille fois plus touchante depuis votre sacrifice, vous acceptez, n'est-ce pas ?

— Comment refuser, madame !

— C'est pour demain ! le propriétaire est déjà payé, soyez sans nulle crainte...

— Mais Loïc ?

— Loïc obtiendra sa grâce, je vous le promets.

Madame Pascal les quitta, et le lendemain la famille du tailleur de pierres s'installait au troisième étage d'une belle maison d'où l'on apercevait la mer, d'où l'on respirait l'odeur salée des brises, d'où l'on voyait passer les barques de pêche et partir les vaisseaux aux grandes voiles.

Tina travaillait courageusement pendant le jour près de la bonne madame Pascal.

Pemzek, pour la première fois de sa vie, se fût sans doute senti heureux, si le souvenir du malheureux Loïc n'eût empoisonné toute sa joie.

Un jour, tandis qu'il travaillait au chantier, courbé sur son bloc de pierre de taille, un compagnon lui dit :

— Eh ! l'homme au pic !

Pemzek leva la tête.

— Qu'y a-t-il ?

— Il y a des nouvelles, de grandes nouvelles, continua le forçat ; Polichinelle a soulevé une partie de la grande salle contre Pésas et la chiourme ; on s'est bûché ferme ; il est au cachot, et il est probable que demain nous assisterons à la fauchaison... Bleu-de-Ciel a été frappé d'un coup de couteau par les forcenés qui voulaient la vie de l'adjudant. On l'a fait monter à l'infirmerie, et au lieu de demander sa liberté en reconnaissance du service qu'il a rendu, il a obtenu la grâce de Loïc.

Pemzek se découvrit, regarda le ciel et pria.

— Ce n'est pas tout, reprit le galérien, demain arrive une chaîne, on verra de nouveaux visages.

— Loïc reviendra donc au chantier?

— Dans la journée sans doute.

— Merci, compagnon !

— Ah! moi, dit le malheureux, je ne demande rien, mais j'ai là-bas, au pays, quatre petits enfants...

— Des enfants! une femme aussi, peut-être?

— Toute une famille, dit le condamné... chaque année, à la Saint-Louis, ma femme quitte le village où elle demeure; elle fait à pied les douze lieues qui la séparent de Brest, portant deux de nos enfants dans ses bras, traînant les deux autres après elle... elle arrive exténuée de fatigue, mais n'importe ! au matin, le jour de ma fête, je la vois me sourire, me donner quelques fleurs cueillies dans notre enclos et pousser doucement les enfants dans mes bras... Pauvre chère sainte ! aimer un malheureux comme moi, économiser pendant toute une année pour m'apporter quinze francs; faire douze lieues, à pied, en portant tour à tour ses enfants, pour venir me donner une fleur du clos que je labourais... Vous me comprenez, vous, vous avez aussi des enfants !

— Compagnon, où demeure-t-elle, votre femme? demanda Pemzek avec intérêt.

— Aux Boisières pour le moment... Moi, je suis maintenant le numéro 2000, mais là-bas j'étais Louis Hubin, autrefois un honnête homme, et un bon ouvrier.

— Combien vous reste-t-il de temps à faire ?

— Cinq ans !

— Dieu vous aidera, compagnon !

Pemzek glissa quelques sous dans la main du galérien et reprit son pic avec une ardeur nouvelle.

Quand les forçats revinrent prendre leur tâche au milieu du jour, une voix bien connue frappa les oreilles de Pemzek. Elle chantait, toute joyeuse :

> Que j'aime ma bruyère
> Et mon clocher à jour !

— Loïc ! s'écria le tailleur de pierres.

L'ouvrier et le forçat, tremblants d'émotion, se jetèrent dans les bras l'un de l'autre.

— Libre ! dit le mari de Tina, libre de la double chaîne ! Ah ! mon ami, quand les portes du bagne se fermeront sans retour sur vous, embrassez sans rougir votre vieille mère, car vous avez imité l'action la plus sublime d'un saint dont le recteur nous a raconté l'histoire, Vincent de Paul ! pour me donner du pain vous acceptiez trois ans de captivité.

— Le bon Dieu et Bleu-de-Ciel y ont pourvu, Pemzek ; car, blessé pour sauver l'implacable Pésas, dans la mêlée qui sépara les galériens en deux camps, le vieux patriarche du bagne a obtenu que je deviendrais *servant* de l'infirmerie, et, si vous me voyez ici, c'est que j'ai voulu vous remettre ces souvenirs pour Tina, ma payse, et vos petits enfants.

Loïc posa sur la pierre que polissait le Bas-Breton un calvaire en bois d'ébène avec un bénitier entouré de petits anges d'albâtre et deux boîtes à reliques. C'était toute la fortune de Loïc, une œuvre d'art qu'il avait ciselée avec amour.

Pemzek voulait refuser, le jeune soldat devint triste.

Alors l'ouvrier serrant sa main lui dit :

— Je ne pourrai faire qu'une chose pour vous, ami Léonais ; mais le jour de votre sortie, moi, Tina et mes enfants nous partons pour le bourg où vous attend votre vieille mère, et c'est en famille que nous reverrons le clocher de Saint-Pol.

En ce moment, le son du biniou arriva distinctement à l'oreille des deux Bretons ; la double voix de la cornemuse champêtre disait les grèves d'Armorique, la danse des fées, les malices des *poulpiquets*, les exploits des Korigans. Elle parlait des grandes pierres qui se dressent dans les landes comme des géants pétrifiés. Elle racontait les douceurs du foyer où se groupent en rond les maîtres et les serviteurs, pendant que les garçons sculptent des battoirs, creusent des sabots ou enlèvent délicatement l'écorce brune du coudrier, et que les jeunes filles teillent le chanvre ou filent le lin ; tandis que le tailleur qui conte si bien les histoires, ou quelque vieux soldat qui parle de ses campagnes égayent les travailleurs de leurs récits ou de leurs chansons. Le biniou changea son air villageois ; il devint triste comme les jours de solitude pendant lesquels le pâtre garde seul le troupeau, et fit entendre le refrain lent et doux qui amène irrésistiblement des larmes dans les yeux :

> La lande est belle et grande,
> Ramenons tous a Guevnola
> Nos moutons dans la lande ;
> O Guilanea ! ò Guilanea !
> O Guilanea !

Le biniou se tut un moment, et ce furent des *bals* sur l'aire neuve, les *passepieds* savants, les rondes sans fin, la *Saboteuse* de Lamballe, la *Lalitra* de Ploërmel mêlés, fondus, variés, enjolivés de fioritures qui ramenaient *la Fille au coupeur de paille, Meunier tu dors, les Gars de Locminé* qu'accompagnent si pittoresquement les coups frappés en mesure par de bons souliers ferrés de *maillettes*; et cette romance si naïve, histoire d'un cœur blessé : *A la claire fontaine...* puis, comme si le sonneur se fût attendri à des souvenirs d'enfance, il arrêta brusquement la voix du biniou.

Les travailleurs apercevaient déjà son chapeau rond orné d'une branche de bruyère. Un appel, des applaudissements, quelques larmes attirèrent Tennaëc.

— Pauvres enfants, dit-il, je n'ai que mes chansons à vous donner... le vieux chanteur gagne le pain de sa fille adoptive, mais ses refrains sont pour tous ceux qui souffrent.

— Pemzek courut vers le sonneur :

— Vous dînez avec moi, ce soir; Tina, ma femme, vous parlera du pays ; nous causerons du recteur, de Reine-des-Prés, votre fille, vous embrasserez mes enfants, et nous répéterons avec vous le refrain qui fait sangloter Loïc.

> Ah ! quand pourrai-je, en Bretagne,
> Danser au son du biniou !

Car la Bretagne, la vraie Bretagne, Tennaëc, ce n'est point Brest : Brest est une ville sans fêtes, sans pardons, sans cimetière sous les ifs ; sans processions entre les haies fleuries... sans landes désolées et pourtant si belles.

Le sonneur serra la main de l'ouvrier.

— A ce soir, ami Léonais !

Quelques heures plus tard, Pemzek, Tina et les petits enfants entouraient le joueur de biniou qui croyait voir Reine en regardant la jeune femme si modeste, et si douce sous sa coiffure aux longues barbes blanches.

Comme l'avait annoncé Louis Hubin, on attendait à Brest l'arrivée d'une nouvelle chaîne de prisonniers annoncée déjà depuis quelques ours.

Les malheureux condamnés aux travaux forcés sont amenés dans les bagnes respectifs, nantis des extraits des arrêts ou des jugements qui prononcent cette peine.

Le commissaire de marine, chargé du contrôle des chiourmes, s'assure préalablement de la régularité de ces extraits.

Les condamnés amenés dans des voitures cellulaires sont, à leur arrivée au bagne, passés en revue par le commissaire, en présence du chef de service des chiourmes, du sous-préfet, du chirurgien-major du bagne, et du brigadier de gendarmerie préposé à la conduite des condamnés.

Les malheureux arrivent brisés de fatigue, et sont conduits à l'hospice pour quelque temps.

Aussitôt l'admission du forçat et son classement opéré, soit dans la salle d'épreuve, la salle ordinaire, ou la salle des récidivistes et des indociles, on procède à la coupe des cheveux, on lui fait prendre un bain et on lui délivre le costume de la division dans laquelle il est placé désormais.

Le forçat vient de subir l'ignominie de sa nouvelle toilette, mais à la casaque rouge, au pantalon jaune et au bonnet vert, ne se borne point l'état de dégradation auquel l'a condamné la cour d'assises. Il doit encore recevoir de la main du bourreau, forçat comme lui, une manille et une chaîne.

Une chaîne dont il partagera le poids avec un autre galérien ! Quel sera cet homme ?

Peut-être une brute ou un scélérat consommé, qui raillera les remords et le repentir du malheureux, auquel son existence est rivée. La loi du bagne impose un compagnon au criminel ! Ah ! s'il n'est pas bon que l'homme vive seul, comme l'a dit la Genèse et après elle saint Paul, n'est-il pas plus dangereux encore de l'accoupler ainsi à un être que l'habitude du vice et la gangrène du mal dévorent jusqu'aux os !

Les salles du bagne sont pourvues d'une pièce de bois carrée d'environ trois mètres, que l'on nomme souche, et sur laquelle sont fixées deux enclumes. Le condamné se couche à plat ventre, et, pliant le genou, porte son pied en l'air, de telle sorte que la jambe, à partir de la jointure, occupe une position parfaitement d'aplomb. Un camarade la maintient ainsi, pendant que le *sbire*, qui est chargé du ferrage, place la manille et la rive.

Cette opération demande beaucoup de sangfroid et d'assurance. Le sbire frappe de toutes ses forces, et si le lourd marteau déviait dans sa

main, la jambe du forçat serait infailliblement brisée. Aussi l'administration conserve-t-elle le plus possible des hommes accoutumés à
ce difficile emploi.

Quand la manille est rivée, on place entre cet anneau et la jambe
du condamné une certaine quantité de linge nommé *patarasse*, afin de
prévenir le déchirement, la mâchure des chairs, et la plaie qui ne
manquerait pas de se former. Malgré cette précaution, très peu de
forçats échappent à cette épreuve sans ressentir plus ou moins le mal
provoqué par le poids de la manille et celui de la chaîne, qui pèsent
ensemble deux kilogrammes deux cent cinquante grammes. Mais
quelque douleur que ressentent les malheureux, il est rare qu'ils
demandent que leurs fers soient changés de jambe, car non seulement
ils redoutent le moment de l'opération, mais ils craignent encore
d'amoindrir dans leur autre membre les forces musculaires si vite
affaiblies par le poids des fers.

Au corps de chaque condamné est attachée une ceinture de cuir à
laquelle s'adapte un crochet en fer; ce crochet supporte la moitié de
la chaîne qui se trouve ainsi relevée le long de la jambe, depuis la
manille jusqu'à la hanche.

L'accouplement de deux forçats se fait à l'aide d'un anneau de jonc-
tion qui marie ensemble les deux chaînes.

Les manilles se trempent à paquet, de telle sorte que la lime d'acier
fondu n'a aucune prise sur elles.

Ces sinistres opérations terminées, les nouveaux forçats entrent
dans la vie commune. Lorsque l'heure de les enchaîner est arrivée,
on fait descendre dans la cour les condamnés à perpétuité; on les dispose en rangs au nombre de vingt-six; une armée d'agents de police
passe devant eux pour les considérer avec soin et pouvoir les reconnaître en cas de besoin.

Dans la cour sont disposés des monceaux de chaînes et des habits
de toile grise.

Ces malheureux se déshabillent pour revêtir l'uniforme fatal; puis
ils s'avancent sur un rang et viennent s'asseoir en s'alignant dans un
angle du préau. Des outils sont préparés, des agents choisissent des
colliers de fer, les essaient au crâne des misérables, les ouvrent, les
referment; puis un gros clou est placé sur une enclume et frappé à
grands coups pour river ce carcan.

Les chaînes sont lourdes et disposées de manière à former des atte-
lages d'hommes placés deux par deux.

Le jeune criminel, le vieux condamné, le faussaire, le voleur et l'assassin marchent de front; aucune différence n'est faite entre la moralité des condamnés, leur ancienne position sociale et la nature de leur crime. Le même esclavage confond les ignominies diverses — la chaîne de l'un est la même que la chaîne de l'autre, également lourde, également infâmante... Le système de l'égalité règne ici d'une façon absolue. Parfois, pourtant, une mère, une sœur feront remettre au malheureux un peu de linge, une veste plus chaude, et celui que la sollicitude et la tendresse n'auront pas abandonné différera un peu des autres.

L'arrivée d'une chaîne est toujours l'objet d'une vive curiosité pour les galériens. Ils se demandent tous à l'avance s'ils ne trouveront point parmi les nouveaux des camarades, d'anciens complices, des compagnons de débauche que le bagne vomit dans la société, et qu'à son tour la société lui rejette.

Ce jour-là, des noms circulaient parmi les condamnés de Brest, des *chevaux de retour*, des évadés célèbres dans les fastes des prisons étaient attendus.

Quand la chaîne passa dans la cour, des cris la saluèrent, et des applaudissements frénétiques accueillirent des misérables qui rentraient au bagne pour la troisième fois.

Une sourde rumeur remplaça les acclamations, et le nom de Mâche-Fer circula dans les groupes.

Mâche-Fer le bateleur, ancien chef d'une bande redoutable de déguenillés, charlatan, faussaire, voleur avait été arrêté comme incendiaire avec un de ses complices et, condamné au bagne à perpétuité, maintenant allait expier à son tour les crimes que son adresse déroba longtemps à l'œil inquisiteur de la police.

On se rappelle que Polichinelle, abandonné sous une arche du fameux pont romain de Nîmes, fut recueilli par ce misérable, dressé par lui à la maraude, puis au vol. L'élève fut puni avant le maître, mais pour être tardive dans ses jugements, la justice n'en est pas moins sûre pour le coupable.

Polichinelle venait d'être condamné à mort pour crime de révolte et d'assassinat, à l'heure où Mâche-Fer franchissait pour toujours la porte du bagne.

Le bateleur affectait une indifférence cynique à l'égard des surveillants, mais, flatté d'être l'objet de la curiosité générale, il se drapait dans son infamie comme jadis dans son ignoble souquenille de saltimbanque.

— Eh ! les amis, dit-il, pendant qu'il se préparait à subir la doulou-

reuse opération du ferrage, Gaspard dit Mâche-Fer n'a pu escamoter
le jugement des messieurs du tribunal, mais il se vante d'avoir formé
des élèves qui donneront du fil à retordre aux limiers et lui feront
honneur dans le grand monde! Fais attention, vieux pègre ! ne me
rends pas boiteux; on dit que j'en ai pour la vie, mais le saltimbanque a plus d'un tour dans son sac, et il ne désespère pas de danser
encore sur la corde avec autorisation de monsieur le maire! saute,
muscade, en avant la grosse caisse !

Le bateleur était chargé des fers et de la manille.

— Mes petits agneaux, dit-il, Polichinelle n'a pas su se tenir tranquille, c'est dommage ! nous aurions glissé comme des anguilles sous
le nez de la chiourme... On va le raser... Je ne suis pas fâché de jouir
du spectacle. S'il ne cale pas au dernier moment, je lui rendrai mon
estime !... Qu'as-tu, imbécile ? demanda le bateleur à celui qu'on venait
de lui donner pour compagnon, tu pleures ?

— Je pense à ma mère..., répondit le malheureux en donnant un
libre cours à ses larmes.

Le saltimbanque chantonna entre ses dents

Va-t'en dire à ma largue
Que j'suis enfourraillé...

Quelques-uns des nouveaux arrivés souffraient avec une sorte d'orgueil, d'autres ne semblaient pas s'apercevoir de ce qui se passait
autour d'eux.

— Mon Dieu! mon Dieu! murmura le compagnon de chaîne de
Mâche-Fer, j'eusse préféré mourir...

— Tu as tort, petit, car de l'échafaud on n'en revient jamais, tandis que de cet hôtel aux pois chiches, on sort avec le temps et de l'intelligence.

L'abbé Pascal allait à l'infirmerie, visiter les malades (*Voir page* 80).

VII

UNE EXÉCUTION AU BAGNE

Un grand mouvement se faisait dans la cour du bagne ; cette cour triangulaire et d'un plan incliné finit en pointe, et cette pointe correspond à la principale entrée de la corderie supérieure C.

LIVRAISON 7.

Le forçat-bourreau, Jean Millet, avec deux aides robustes, préparait la guillotine. Jean était remarquable par sa haute stature, et quoique bancal il possédait une force surprenante. Pour lui, les ignobles fonct ons qu'il remplissait étaient en quelque sorte un adoucissement à sa captivité. Quand, pour une infraction au règlement de l'établissement, pour un murmure, un geste, un galérien était livré à Jean Millet, les yeux de cet homme brillaient d'une lueur fauve, ses paupières s'injectaient de sang, un sourire horrible crispait sa lèvre mince. Si le condamné résistait, la chiourme le conduisait au banc de torture, on le forçait de s'agenouiller, des bras vigoureux le maintenaient, et Jean levant sur le patient une main armée d'une grosse corde ou d'une double garcette, en appliquait, suivant le délit, un nombre presque toujours suffisant pour mettre le forçat hors d'état de travailler. La barbarie se raffine au bagne, et souvent le malheureux qu'a déchiré la brutalité de l'exécuteur se voit privé d'une part des aliments que le règlement lui alloue, et par une justice distributive, entachée d'une bizarre cruauté, cette suppression est faite au profit du bourreau.

Le supplice du fouet, des verges, de la bastonnade existait chez les peuples anciens sous la dénomination de *tympanum*. Tantôt on faisait étendre le criminel sur le sol, et on le frappait avec le bâton jusqu'à ce qu'il eût expiré; tantôt, nu depuis les épaules jusqu'à la ceinture, il présentait son dos aux coups multipliés d'un fouet de cuir de bœuf. Le Christ flagellé, dépouillé de ses habits, fut attaché à une colonne pour subir le supplice de trois cents coups de verges, nombre effrayant auquel nul ne serait capable de résister, et que l'humanité du Christ ne supporta que par le miracle de son union avec la nature divine. Ce supplice, banni de France par les progrès de la législation qui adoucit les lois et les mœurs, n'existe plus que pour l'homme du bagne.

En Angleterre, les soldats ont longtemps passé par les verges.

A Naples, la bastonnade était donnée aux prévenus d'un crime ou même d'un délit.

En Russie les esclaves étaient soumis au régime barbare du knout.

L'Autriche a abusé de la schlague; la guerre d'Italie nous a révélé, sur ce genre de supplice, des faits de cruauté inouïe dans l'application de cette peine.

Sur les bâtiments de guerre, le grand fouet et la garcette étaient alors l'effroi des matelots et des mousses.

L'heure est enfin arrivée d'en finir avec ces punitions qui offensent l'humanité. Sur les bâtiments de l'État, le matelot indocile n'avait-

t-il point assez de la privation de vin et des fers? N'était-ce pas ravaler
un brave quartier-maître que de lui donner à remplir l'office de
tourmenteur peut-être à l'égard de son camarade, de son ami, de son
matelot ?

Et dans les bagnes sur lesquels régnait un régime si sévère et si
lourd, que de difficultés n'a-t-on pas eues à vaincre avant de supprimer
cette torture? Un progrès ne marche jamais isolément; la marque in-
délébile qui faisait crier la chair sous le fer rouge a disparu; le supplice réglementaire qui rappelait trop le moyen âge et ses épouvantables tortures ne pouvait tarder à être abandonné.

Plus de fouets, plus de sang répandu sous les yeux, entre les rangs
mornes de ses camarades. Savez-vous ce qui gronde, ce qui se remue,
ce qui s'aigrit dans le cœur des misérables qu'un supplice pareil menace s'ils élèvent la voix pour protester? D'ailleurs, l'arbitraire flétrit
la flagellation, et d'une punition fait trop souvent une vengeance !

L'abbé Pascal avait beau s'élever contre ces us barbares, il ne par-
venait qu'à en adoucir la rigueur sans en obtenir l'abolition.

Jean Millet était le *Brutus* des bourreaux : ni les liens d'amitié qui
l'attachaient à un forçat, ni ceux du sang ne rendaient sa main moins
lourde. Un de ses neveux, galérien comme lui, ayant été condamné à
la bastonnade, fut si rigoureusement châtié par son oncle, qu'il faillit
perdre la vie.

Pour augmenter sans doute le nombre des punitions à administrer,
Jean était devenu l'espion du bagne. Son œil inquisiteur fouillait partout; grâce à lui les évasions avortaient, les complots étaient surpris,
et Jean y gagnait des têtes à abattre, des coups de fouet à distribuer
sur des épaules labourées souvent d'anciennes cicatrices.

En général, surtout quand il s'agit d'évasion, le patient subit sa
peine en silence et avec un calme qui prouve suffisamment l'inutilité
de ce cruel supplice. Le souvenir de la punition subie pour une évasion
manquée ne sera jamais assez puissant pour étouffer l'espérance d'une
circonstance plus favorable et d'une réussite complète. Au moment où
le bourreau alourdit son bras pour frapper plus fort sa victime, peut-
être un autre projet occupe-t-il sa pensée, et le dernier coup du fouet
ensanglanté devient le signal d'une nouvelle tentative. A quoi servent
donc ces institutions cruelles? Ceux qui les soutiennent descendent-ils
au niveau de la brute, puisque Montesquieu a dit que *la raison porte à
l'humanité*?

Jean Millet, condamné à vingt-cinq ans de fers, devait être libéré
dans trois années. Sa cruauté envers ses camarades l'avait fait haïr ;

il ne sortait pas un homme du bagne que cet homme n'eût à régler un terrible compte avec le bourreau.

Plus d'un, en quittant Brest, lui avait glissé ces mots dans l'oreille :

— Tu ne jouiras pas beaucoup de ta liberté, Jean, prends garde, on te *butera.*

— Bah ! dit Jean, cela ne m'arrivera qu'une fois, et j'aurai eu le plaisir d'en raccourcir une vingtaine !

Tandis que la guillotine levait ses bras noirs dans l'angle de la cour, le condamné était enfermé avec le prêtre.

Pendant toute la nuit, l'abbé Pascal habita le cachot du misérable. Pendant douze heures, l'apôtre tint entre ses bras celui que saisissait parfois l'horreur de la mort. Polichinelle, en voyant sa vie telle qu'elle était, en sondant les profondeurs de son âme, s'arrêtait effrayé, épouvanté, fermant les yeux, saisi de vertige, se sentant sur la pente d'un abîme éternel, bagne sans issue, supplice sans fin, feu sans rafraîchissement, gouffre sans bords qui ne lâchait jamais sa proie, dans laquelle ne pénétrait jamais l'aube de l'espérance, où ne pouvait même tomber la goutte d'eau qui désaltère.

Environné de terreurs, le malheureux cherchait un refuge entre les bras du prêtre, il le suppliait avec des larmes et des sanglots de le défendre contre la justice sans appel; il implorait les anges, la vierge Marie, le Christ; il jetait des cris d'angoisse en heurtant son front contre le pavé du cachot...

L'abbé Pascal pleurait, souffrait, gémissait avec cet homme... Il se faisait prisonnier comme lui, soulevait ses lourdes chaînes, écoutait ses plaintes, calmait sa fiévreuse angoisse et lui mettait sur les lèvres cette demande sublime :

— Pardonnez-nous comme nous pardonnons !

— Mon ami, dit l'abbé Pascal au condamné, le Sauveur, dans sa miséricorde, a fixé lui-même la mesure de son indulgence; il l'a basée sur notre volonté, sur notre désir, sur notre propre pardon... Voulez-vous obtenir une grâce pleine et entière ?

— Oui, oui, mon Père !

— Sans restriction ?

— Je veux l'oubli de mes crimes, et leur rémission en ce monde et dans l'autre !

— La justice des hommes demande votre sang sur la terre !

— Qu'elle le verse ! répondit Polichinelle.

— Le Sauveur n'exige que votre repentir.

— Je me repens.

— Il oubliera tout si vous oubliez à votre tour...

Le condamné frissonna.

— Ah ! dit-il, je n'ai point pardonné à ma mère qui m'abandonna sans pitié sur un chemin ; souvent je l'ai accusée et maudite, souhaitant que le poids de mes crimes retombât sur elle...

— Pardonnez-lui, mon frère, et le Sauveur ne se souviendra plus de votre jeunesse coupable.

— Pauvre femme ! reprit le forçat, la misère... la jeunesse... la faim peut-être ont excusé, expié sa faute... Oui, mon Père, je lui pardonne, et si elle venait à cette heure me dire : Tu es mon enfant ! ces bras enchaînés la presseraient sur mon cœur.

— Bien, mon fils ! *Pardonnez-nous nos offenses comme nous pardonnons à ceux qui nous ont offensés !* Et vos complices, les comprenez-vous dans un oubli généreux et complet ?

Polichinelle devint sombre, sa figure se contracta

— Je pardonne à tous, tous ! mais j'excepte Mâche-Fer !... Il m'a entraîné au mal ; quand j'ai voulu me repentir, il m'a rallié... il a placé la faim comme un appât pour accélérer ma chute ; il a prévenu contre moi les maîtres qui pouvaient m'employer... Si je suis au bagne, c'est la main de Mâche-Fer qui m'y a poussé... Si ma tête tombe sur l'échafaud, c'est Mâche-Fer qui a préparé ma destinée !

En ce moment un bruit de fers, des hourras, des acclamations frénétiques saluaient au bagne l'arrivée de la nouvelle chaîne ; le condamné tressaillit ; il lui sembla distinguer un nom

— Le roi des *pègres* !

— Vive le saltimbanque !

— Bravo pour Mâche-Fer !

— Mâche-Fer, le roi du bagne !

Ces exclamations, qui se croisaient dans la cour, parvinrent à Polichinelle.

— Mon Père ! mon Père ! dit-il, il est ici ? Quoi ! il me verra poser mon front sur le billot, il jouira de son triomphe ; il deviendra, comme ils disent, le roi du bagne ! Non ! non ! je ne lui pardonnerai pas ! jamais !

— Le Christ absolvait ses bourreaux, mon fils... D'ailleurs, que vous fait, à cette heure, l'existence de votre complice ? Le voilà puni à son tour ! Laissez à Dieu le soin des terribles représailles, qu'il prend quand sonne l'heure solennelle de sa justice. Il vous appelle au repentir, il vous convie au pardon, il vous entoure de ses bontés suprêmes, et vous refuseriez à cet homme un regard de miséricorde, une parole d'oubli!.. L'heure s'avance, elle passe rapidement; chaque minute vous rapproche de l'Éternité; le jour est levé maintenant; encore quelques instants, et je me rendrai à la chapelle... m'y suivrez-vous en chrétien?

— Grâce! murmura le malheureux, c'est la dernière lutte d'une âme pervertie, c'est le dernier effort de l'esprit du mal, pour m'arracher au repentir. Pardonnez-lui, mon Dieu, comme je lui pardonne.

En ce moment la messe sonna.

L'abbé Pascal serra Polichinelle dans ses bras, et le quitta pour se rendre à la sacristie.

On conduisit le condamné à la chapelle.

Il entendit à genoux le Saint-Sacrifice. Des larmes abondantes coulaient de ses yeux; il frappait sa poitrine de ses mains enchaînées, et des sanglots sourds et confus sortaient de son cœur gonflé. Quand le prêtre le bénit une dernière fois, que la messe fut achevée et que le signal fut donné, Polichinelle se leva, et vint, calme et presque souriant, se remettre aux mains de la chiourme.

Les forçats étaient rangés en ordre dans la cour, longue et étroite du bagne; les *bonnets rouges* étaient placés le long des murailles latérales; les *bonnets verts*, formant la haie en face de l'échafaud, étaient placés près de la machine sanglante. Chaque forçat, à genoux et la tête nue, tenait sa chaîne à la main; l'élite du bagne, c'est-à-dire les assassins et les incendiaires avaient leurs places d'honneur. Derrière ces chevaliers dignitaires de l'ordre du vol et du poignard, étaient braqués les mousquetons des gardes, prêts à lancer la mort sur cette troupe, au premier mouvement qui romprait l'immobilité prescrite par la règle. La mitraille menaçait la bande des maudits.

Tous les cœurs étaient en proie à une douloureuse attente.

Tous les yeux étaient fixés sur le fatal couteau, dont l'aspect faisait frissonner ceux qui, ayant mérité la mort, voyaient dans le supplice qui s'apprêtait une image de leur propre supplice. Par un mouvement instinctif, plusieurs têtes se rejetèrent en arrière comme pour se soustraire au coup mortel...

Le silence règne dans la foule consternée...

On n'entend que la voix du prêtre qui répète au nom du malheureux:

« Ayez pitié de moi, mon Dieu, selon l'étendue de votre miséricorde, et effacez tous mes crimes, selon la grandeur et la multitude de vos bontés!

« Lavez-moi de plus en plus de mes péchés, et purifiez-moi de mes offenses, car je reconnais mon crime et mon péché est sans cesse devant moi ! »

Puis, du sein des terreurs du jugement, ramenant le malheureux dans le sanctuaire de la miséricorde, le ministre de Dieu reprend les saintes litanies :

« Par votre agonie au jardin des Oliviers, Seigneur, ayez pitié de nous !

« Par le chemin que vous suivites dans la nuit, en traversant le Cédron entre les soldats qui vous insultaient, et Judas qui venait de vous trahir, Seigneur, ayez pitié de nous !

« Par votre flagellation, votre manteau souillé de sang et de fange, le coup de gantelet qui vous meurtrit la joue, et la couronne d'épines, Seigneur, ayez pitié de nous !

« Par l'amertume que vous avez trouvée dans la mort, par les chutes qui meurtrirent vos genoux sur la route du calvaire, et les larmes de votre mère, Seigneur, ayez pitié de nous ! »

Polichinelle répondait à ces prières, il s'appuyait sur le prêtre et collait de temps en temps ses lèvres sur le crucifix que l'abbé lui tendait.

Le condamné était pâle, mais calme, et son attitude sans forfanterie comme sans bassesse.

Derrière lui on portait sa bière.

Parmi ceux qui se courbaient à genoux, il chercha quelques-uns de ses camarades, auxquels il fit un signe d'adieu.

Ses regards tombèrent sur Mâche-Fer ; il frissonna légèrement et dit à voix basse :

— Mâche-Fer, je vous pardonne le mal que vous m'avez fait, et je prie Dieu de vous éclairer.

— Bien, mon ami, dit l'abbé Pascal.

Polichinelle monta les degrés de l'échafaud et s'agenouilla sur la plateforme.

— Récitez, je vous en prie, les dernières oraisons des morts, dit-il à l'aumônier.

Ces prières finies, Polichinelle se tournant vers la foule des condamnés :

— Je vous demande pardon à tous du mauvais exemple que j'ai donné, dit-il, et je recommande aux membres du service, de supplier M. Pésas d'oublier mon crime. Jean Millet, venez que je vous embrasse.

Polichinelle avait toujours éprouvé pour le bourreau du bagne une invincible répulsion.

— Dieu vous voit, mon fils, dit l'abbé Pascal, bientôt il vous récompensera!

Au signal convenu le condamné fut lié à la machine et l'âme du
criminel repentant remonta vers Dieu.

On fit défiler les forçats devant le corps du supplicié comme dans
une parade solennelle.

Cette sentence, que l'on exécute à l'insu de la société et sans qu'elle
en soit instruite, loin d'être salutaire pour ceux qui en sont témoins,
réveille à peine l'engourdissement de leur âme. Le garde-chiourme
fut obligé d'avertir plusieurs forçats par un coup de canne, de tourner la tête du côté du cadavre; leur attention était ailleurs.

Deux forçats fossoyeurs enlevèrent le corps de Polichinelle; et,
sous l'escorte des gardes-chiourmes, ils prirent le chemin du cimetière.
Une fosse fut creusée; on recouvrit de quelques pelletées de terre le
cadavre du malheureux. Cette terre, crayeuse et blanchâtre, élevée en
monticules, annonce les tributs que le bagne envoie à ce champ de
repos; elle n'est pas même protégée par une pierre rappelant que
l'homme tombé sous le couteau de la guillotine avait été honoré du
signe des chrétiens.

Quinze jours plus tard, l'abbé Pascal faisait graver, sur une croix
de bois noir, ces mots que ne précédait aucun nom : *Mort dans le
repentir, priez Dieu pour son âme!*

La sollicitude de l'aumônier suivait au delà du trépas les captifs du
bagne.

Trois fois par semaine, l'abbé Pascal allait à l'infirmerie visiter les
malades. Aulaire, presque guéri de sa blessure, revenait lentement
la vie; les soins de Loïc, les consolations de l'aumônier, les visites
de M. Monvel qui, dans l'intégrité de sa justice, savait combien l'autorité devait à l'intervention du forçat, tout concourait à la convales-
cence du malade. Maurice Pésas, le bras en écharpe, pâle encore de
ses terreurs, avait fait au vieillard des offres de services que celui-ci
avait simplement, mais constamment, refusées.

Au milieu des souffrants, comme sur son banc de nuit, il ralliait
autour de lui les malheureux, les distrayant de leurs tortures et leur
montrant l'espérance au delà du présent.

— Aulaire, dit un jour Loïc, vous nous aimez, vous! et, si vous
étiez libre, je suis sûr que vous emploieriez le reste de vos forces à
plaider notre cause près des grands, et de tous ceux qui ignorent

ce que c'est que la prison et ne songent même pas que ces galériens
sont des hommes !

— Oui, Loïc, si j'étais libre, je me consacrerais à cette noble mission; mais l'heure de la liberté ne sonnera point... Dieu ne le veut pas.
Des poètes, des savants, des amis des misérables se sont faits vos avocats, et malgré les conquêtes qu'ils ont obtenues sur la rigueur des
anciens régimes, vous êtes encore bien à plaindre !

— Qui s'est occupé de nous? qui a parlé pour nous? quels avocats
ont eus les gens du bagne !

— Parlez, Bleu-de-Ciel, parlez !

— Et Aulaire reprit :

— Notre premier avocat, c'est l'abbé Pascal. Quand j'entrai ici,
l'âme brisée par la douleur, en pensant que ma vie s'achèverait dans
ce bouge, l'aumônier m'a relevé le cœur avec les belles paroles de
l'Évangile. Quand le procureur général nous accuse, le prêtre nous
plaint; nul de nous n'a le droit de parler de ses souffrances, car ceux
qui s'adressent à l'abbé Pascal sont sûrs de le quitter consolés.

— Polichinelle est mort paisible et doux comme un agneau, dit un
autre; on sait pourtant que Mâche-Fer son complice venait d'arriver
avec la nouvelle chaîne et on croyait qu'avant de monter sur l'échafaud, Polichinelle dévoilerait les autres crimes du saltimbanque. Il y
a des pègres qui assurent que si le maître de Polichinelle était bien
connu, au lieu de manger à la gamelle, il saurait ce qu'il y a au fond
du panier de Charlot.

— D'ailleurs, reprit un autre, je me souviens bien qu'on n'a pas
connu le dernier mot d'une affaire arrivée à Bordeaux avant que vous
et moi ayons eu la pensée d'un crime... Pour en revenir à Mâche-Fer,
je crois qu'il a mérité la guillotine, et que Polichinelle l'aurait étran-
glé sans les conseils de l'abbé Pascal.

— On dit qu'il prendra soin des libérés, ajouta un autre malade.

— Une belle maison est déjà bâtie; quand il aura soixante ans, dit-
il, sa tâche sera finie, il n'aura plus la force de parler à trois mill·
bonnets; pour lors, il habitera les ateliers ouverts aux malheureux.
Je ne souhaite qu'une chose, c'est de mourir avant lui !

— Il a donné des nouvelles à ma famille, dit Loïc, et sans doute que
sa lettre était favorable, car ma mère m'a répondu pour me dire qu'on
me recevrait bien là-bas.

- Qui nous prête des livres, qui nous distrait, qui connaît comme
lui les regrets, la vie, les dangers, les tortures du forçat? L'abbé
Pascal a passé à ses pieds notre chaîne et notre manille pour savoir

ce qu'elles pèsent. Il a voulu dormir sur nos lits de camp, il a goûté notre soupe et partagé notre pain. Tous les ans. Dieu sait le nombre de lettres qu'il expédie à Paris pour demander des commutations et des grâces. A toute heure il est debout; on dirait qu'il ne connaît point le repos. La pitié nous l'amène, la pitié le retient; les cachots l'appellent, et les plus mauvais ne l'insultent jamais deux fois! Il les regarde et ils sont changés.

— Allons, enfants, dit Aulaire qui avait écouté ses compagnons avec une vive joie, répétons le *Pater* qu'il nous a enseigné :

Les mains se joignirent, et Aulaire dit à haute voix :

Notre Père, car du sein de notre abjection vous permettez que nous vous donnions encore ce titre, et vous ne fermez point les bras aux enfants criminels, que ce lien d'amour, qui vous attache à nous, vous porte à nous regarder sans colère! nous avons péché, mais vous êtes notre Père! et même dans le châtiment qu'il inflige, le chef de la famille ne répudie pas les droits de la tendresse. *Notre Père!* fut-il jamais détresse plus grande que celle dont nous souffrons! L'enfant prodigue se lève et court vers la maison de son enfance; nous vous tendons les bras, pourriez-vous nous repousser?

Qui êtes aux cieux! Ce que vous avez créé de plus beau, de plus pur sert de voile à votre trône. Vous régnez sur l'univers, vous gouvernez les astres; nous, limon de la terre, fange impure, rejetée et foulée aux pieds, nous osons lever les yeux vers le séjour de votre magnificence et de votre gloire. Cet héritage, vous nous conviez à le partager, vous nous appelez à y occuper une place ! purifiez tellement notre cœur que nous cessions d'en être indignes !

Que votre nom soit sanctifié! Les anges seuls et les saints devraient oser célébrer vos louanges, ô mon Dieu ! Mais vous avez permis que la voix de nos pleurs montât jusqu'à vous. Si vous êtes honoré par les vies pures de ceux qui marchent dans vos voies sans faillir, vous ne méprisez pas la prière de celui qui est tombé. Ses remords glorifient votre miséricorde ; sa confiance rend témoignage de votre bonté; son espérance célèbre votre grâce ! Que votre titre de Sauveur soit donc glorifié par ceux qui semblent le plus indignes de le prononcer, ô mon Dieu!

Que votre règne arrive... Dans le ciel, ce règne n'eut pas de commencement, il ne doit pas avoir de fin. Mais vous établissez en nous un règne plus intime que nous assurons dans notre âme par notre correspondance à vos grâces, par nos bonnes pensées, par nos pieuses résolutions, par tout ce qui nous élève au-dessus de la nature et de nos

penchants mauvais. Il n'est point de séjour si obscur, si triste, si
misérable qu'il soit, où votre règne ne se puisse fonder, si l'homme
pécheur vous appelle a son aide et crie vers vous du fond de son
abjection. Régnez en nous par les sacrements qui nous réconcilient
et nous sanctifient, jusqu'à ce que vous nous admettiez au partage de
votre règne éternel.

Que votre volonté soit faite! Nous pleurons, nous souffrons, nous
expions..., notre pain est amer et nos larmes abondantes..., nos nuits
sont souvent sans sommeil, et notre cœur envahi par la douleur se
refuse souvent à l'espoir de jours meilleurs! Cependant, ô mon Dieu!
que votre volonté soit faite ! Nous ne voudrions pas nous voir enlever
la moindre de nos souffrances, si pour cela nous devions contrarier
vos vues de providence sur nous. Nous avons péché, nous nous sou-
mettons; nous acceptons le juste châtiment de notre faute : que votre
volonté soit faite ! que *sur la terre* les hommes la vénèrent en s'y sou-
mettant; que dans *le ciel* les anges emploient à la bénir les années
éternelles de leur félicité!

Donnez-nous aujourd'hui notre pain quotidien... Nous ne méritons
rien, ô mon Dieu! pas même l'aliment grossier qui soutient notre vie
misérable, c'est un pur don de votre munificence; ne nous le refusez
pas aujourd'hui... Notre demande ne s'étend pas jusqu'au lendemain,
car nous ignorons si ce lendemain brillera pour nous ! Nous ne sou-
haitons pas seulement le pain de la terre, mais le pain de la pénitence
dont parle le roi prophète quand il dit : *Je mange la cendre comme le
pain...* mais plus encore le pain de votre parole, car vous-même, Seigneur, avez dit dans l'Évangile : *L'homme ne vit pas seulement de
pain, mais de toute parole qui sort de la bouche de Dieu ..* mais surtout, ô mon Dieu! le pain de propitiation et de sacrifice; le pain des-
cendu du ciel que vous rompiez sur la terre avec les douze apôtres,
le pain des forts, le pain de la vie dont vous avez dit : *Celui qui man-
gera de ce pain vivra éternellement!*

*Pardonnez-nous nos offenses comme nous pardonnons à ceux qui
nous ont offensés!* Vous ordonnez que l'homme qui se sent de la haine
au cœur et veut néanmoins offrir un sacrifice au temple, laisse là son
offrande et se réconcilie avec son frère... Nous obéissons, Seigneur!
mesure pour mesure ! pardon pour pardon ! Nous aimons tous les
hommes, jusqu'à nos ennemis ! Oubliez nos péchés et ne vous souve-
nez que des jours de notre innocence.

Ne nous laissez point succomber à la tentation... Elle reviendra peut-
être, cette tentation, ô mon Dieu! notre âme, assiégée par les sugges-

tions du mal, se sentira peut-être prête à défaillir... A cette heure, souvenez-vous de notre faiblesse, ô Christ, qui avez bien voulu vous soumettre à la loi de la tentation pour nous apprendre à la repousser et à en sortir victorieux. L'habitude nous fait concevoir du mal une horreur moins grande ; les occasions, la perversité de notre nature se ligueront pour nous abattre ! mais si l'ange des ténèbres ne doit point tenter le Seigneur, celui qui mettra sa confiance en sa grâce est sûr de triompher des ennemis du salut.

Délivrez-nous du mal... Nos chaînes sont lourdes, le travail est rude, notre cœur est séparé des chers objets de son affection ; et pourtant, nous ne vous demandons point la fin·de ces douleurs... Elles passe· ront, ô mon Dieu ! et vous daignerez les payer d'un prix infini... Nous vous prions de nous délivrer d'un mal mille fois plus redoutable, du péché qui nous sépare de vous et nous fait perdre nos droits au partage de votre ciel. *Délivrez-nous du mal,* que vous haïssez, pour nous faire chérir le bien qui donne la paix de la conscience et nous mérite les biens éternels.

— Ainsi soit-il ! dirent ensemble les malades avec une ferveur qui eût réjoui le cœur de l'abbé Pascal.

8207

Les garnements du village en arrivaient même à poursuivre la Maudette (*Voir page 9_*).

VIII
LA MAISON BLANCHE

Le hameau des Boisières se cachait au milieu des saussaies, et mi-
rait ses maisons dans une petite rivière qui coulait entre des prairies

étoilées au printemps de pâquerettes, de crocus lilas et de boutons d'or coquettement balancés sur une haute tige. Des troupeaux nombreux paissaient dans l'herbage, se couchant en rond pour reposer, et suivant d'un œil mélancolique et doux le soleil qui disparaissait plus loin dans les profondeurs azurées de l'Océan. Une petite église dont le clocher brillait entre les arbres, un presbytère modeste et une centaine de feux composaient les Boisières. Rien n'était plus paisible que ce village ignoré, perdu dans la verdure, et le calme de la campagne semblait devoir répandre sa paix consolatrice dans les âmes de ceux qui l'habitaient.

A l'extrémité du hameau, dans une pauvre maison composée seulement d'un rez-de-chaussée, surmonté d'un vaste grenier couvert de chaume, habitaient deux femmes : l'une, la Maudette, était vieille et estropiée ; l'autre, jeune, mais pâle et plus triste que les jours d'hiver, avait quatre petits enfants.

Ces deux misères s'étaient un jour rencontrées, poussées l'une vers l'autre par un de ces mystères où semble se complaire la Providence.

La Maudette, assise sur le revers d'un fossé, versait de ses yeux flétris des larmes rares et brûlantes ; Rose tenant deux enfants dans ses bras, et traînant les autres qui s'attachaient à sa jupe, passa devant la vieille.

— Vous pleurez ! dit la jeune femme, en s'arrêtant en face de l'infirme.

— Je pleure mes malheurs, ma fille, répondit la Maudette ; je suis seule, invalide et vieille, et n'ai personne pour consoler ma douleur ni soutenir ma vieillesse.

— Voulez-vous vous appuyer sur mon bras, la mère ? Je vous reconduirai jusqu'à votre demeure...

— Volontiers, répondit la Maudette.

— Bastien, dit Rose, donne la main à cette bonne mère pendant que je la soutiendrai.

Le petit garçon leva un œil intelligent vers la Maudette et dit à Rose :

— Elle ressemble à grand'mère.

— Où allez-vous ainsi avec ces beaux enfants ? demanda la pauvre vieille à la jeune femme.

— Où le bon Dieu voudra, devant moi à cette heure..., répondit celle-ci avec découragement.

— Vous laissez donc des chagrins derrière vous, et peut-être allez-

vous au devant d'autres épreuves? demanda encore la Maudette
d'un son de voix bienveillant.

— Je laisse le désespoir et je vais vers l'infortune! dit avec une immense tristesse la jeune femme, tout en pressant avec amour ses enfants
sur son sein.

L'infirme n'osa pas insister.

— Ma maison, dit-elle, est la première que vous apercevez, à droite...;
elle a des volets bruns; un grand rosier fleurit à la porte; vous voyez,
elle n'est pas bien loin.

— Je la vois! dit Bastien; ah! la jolie maison, presque aussi jolie
que celle de grand'mère!

— Tais-toi, Bastien, dit la jeune femme avec sévérité; puis avec
douceur, ayant posé ses enfants à terre, elle soutint avec précaution
les pas hésitants de Maudette, lui fit gravir les trois marches de pierre
et lui dit en la quittant :

— Dieu vous garde!

— Ma fille, dit la vieille femme, je ne sais ni votre nom ni vos
malheurs, mais vous pleurez comme je pleure... Vous me paraissez
bonne et peut-être Dieu permet ce qui arrive... J'ai vu mourir mon
mari et mes enfants, et quatre innocents vous restent... la maison est
grande, le jardin donne de bons légumes que je cultivais moi-même
il n'y a pas huit jours encore... il me reste deux vaches et un coin de
pré... le bon Dieu semble me dire de vous garder près de moi. Si vous
acceptez, je vous traiterai comme mon enfant, et peut-être mutuelle-
ment allégerons-nous nos peines.

— Ah! mère, mère chérie, entrons, dit Bastien.

La plus petite fille se souleva sur la pointe des pieds pour cueillir
une rose.

La maison blanche, les fleurs embaumées, les abeilles du courtil
bourdonnantes dans le soleil, les pigeons qui se posaient sur la cor-
niche du toit semblaient dire : Entrez! entrez! l'hospitalité du
pauvre est douce au malheureux.

Rose saisit la main de la Maudette.

— Ce que vous m'offrez, dit-elle, serait un bonheur pour moi, mais
je ne possède rien... que mes bras, ma vaillance, et quatre enfants sont
une rude charge pour une double misère...

— Le petit, qui me tenait la main tout à l'heure, mènera les vaches
au pré; Janille, votre plus grande fille, fera paître mes belles oies
blanches; vous, Rose, vous soignerez le ménage, et les deux derniers
enfantelets, je les amuserai, moi, avec mes contes et je leur chanterai

des complaintes; quand vous aurez chargé ma quenouille, je me charge encore de la filer.

— J'accepte, dit Rose.

La jeune femme, le cœur empli de reconnaissance et les quatre enfants, tout joyeux, franchirent le seuil de la maison de Maudette, et à partir de ce jour la pauvre vieille crut avoir encore sa fille et ses petits-enfants.

Rose, levée avec le jour, nettoyait d'abord la grande salle, donnait la litière aux vaches rousses, remplissait de lait les grands bassins de cuivre, barattait le beurre et préparait les fromages. Ensuite elle habillait ses enfants, disait avec eux la prière matinale, confiait la *Gare* et la *Tigrée* à Bastien, mettait une longue gaule dans la main de Janille, remplissait leur panier de pain bis, de fruits et de fromage et restait sur le seuil de la porte, les regardant s'éloigner, écoutant le tintement des clochettes de la *Tigrée* et de la *Gare*, et les cris de Janille qui ralliait son indocile troupeau. Elle rentrait dans la grande salle, préparait le déjeuner de Maudette, guettait son réveil, l'habillait avec un soin filial, lissait de ses mains douces, sous un bonnet bien blanc, les cheveux plus blancs de l'aïeule, la conduisait avec des soins infinis à son fauteuil de paille placé dans l'embrasure ensoleillée de la fenêtre qu'entouraient les branches du rosier, passait la quenouille de roseau dans une *chambrière* de ruban rouge, mettait le plomb au fuseau et s'asseyait elle-même en face de la vieille femme, filant comme elle le lin le plus beau du pays.

Leur vie s'écoulait ainsi, paisible et sans nuage. On s'inquiéta bien dans le village de la nouvelle venue dont personne, pas même la Maudette, ne connaissait le nom et la famille, puis la crise de curiosité inévitable passée, on s'habitua à la voir simple, avenante, bonne pour tous et surtout pour l'infirme.

Le curé des Boisières entrait souvent dans la Maison-Blanche; il consolait ces deux femmes : l'une au déclin de la vie, l'autre dans sa première floraison.

Lui seul possédait le secret de Rose. Un jour, tandis que les enfants dormaient, la jeune femme dit à la Maudette :

— Mère, peut-être m'accusez-vous de dissimulation et d'ingratitude; vous ne m'avez jamais rien demandé du passé... et peut-être ai-je manqué de confiance...

— Je ne vends pas mon amitié pour une confidence, Rose; je vous ai accueillie parce que vous me paraissiez bonne... Je ne me suis pas trompée, cela me suffit...

— Je vous dirai tout! c'est mon devoir... s'écria la jeune mère en fondant en larmes.

L'infirme l'arrêta d'un geste.

— Je vous le défends, ma fille ! par toute l'autorité que peut me donner ma tendresse pour vous, je connais assez le monde pour vous avoir jugée... vous ne traînez pas la chaîne d'une faute, vous portez le poids d'un malheur...

— Hélas ! murmura l'affligée.

— Vos malheurs sont, entre vous et le ciel, un mystère que je respecte ; ne me parlez plus jamais de ces choses; je vous aime comme ma fille, et je vous estime sincèrement. Laissez le passé dans l'oubli, le présent a bien assez de tristesses...

Quand vinrent les beaux jours, que la saison des foins égaya les campagnes, que les blés mûrirent pour les javellés, Rose devint de plus en plus triste.

— On dirait que tu souffres, Rose, lui dit, un jour, la Maudette; que souhaites-tu ?

— J'ai un long voyage à faire, Maudette, il me faut bien trois grands jours...

— Pars, ma fille, les enfants me garderont.

— Je voudrais emmener les petits avec moi...

— Alors préviens Prunelle, la fille à Thomas, et que ton bon ange te conduise.

Rose mit à ses quatre enfants leurs habits les plus propres, mais toujours des habits de deuil, cueillit un beau bouquet dans le parterre, renferma dans une boîte trois pièces de cinq francs toutes neuves, embrassa l'infirme avec effusion et prit, avec ses enfants, la route de la ville.

Elle marcha tout le jour et une partie de la nuit, portant tour à tour ses enfants; elle arriva brisée de fatigue aux portes de Brest, tomba d'épuisement sur un monceau de pierres et attendit, anxieuse, que le soleil se levât.

Les enfants s'endormirent à ses côtés.

A la fin du troisième jour, Rose plus pâle que jamais, les yeux rougis par les larmes, rentra au logis de la Maudette, reprit ses soins quotidiens et pendant quinze jours pleura beaucoup, tout en vaquant à ses travaux domestiques.

Le dimanche suivant, quand les enfants allèrent à l'église du hameau, chacun d'eux roulait dans ses doigts un magnifique chapelet de bois de gaïac.

Six mois se passèrent.

Un marchand de toile venant de Lannion passa par les Boisières, vendit des chemises aux ménagères, des mouchoirs et des foulards aux jeunes filles, des cravates et des ceintures aux laboureurs, des draps de toile rousse et de belles nappes à franges aux riches fermières. Il chanta les noëls bretons, les complaintes des criminels célèbres, donna des nouvelles de vingt lieues à la ronde, distribua quelques lettres, et pendant huit jours fut l'hôte couru, le conteur intarissable, le boute-en-train des Boisières.

En passant devant la Maison-Blanche il entra :

— Voulez-vous de bonne toile, la mère? demanda-t-il. J'en ai de Chollet, ronde et solide ; de Loudéac, souple et facile à coudre ; de Lannion, où les filandières en remontreraient à toutes les femmes. Voulez-vous des indiennes de Guingamp ou des linons fins et doux comme de la soie ?

— Je n'ai besoin de rien, ami porte-balle, mais Rose va entrer, attendez-la en buvant un verre de cidre, sans doute elle vous achètera quelque chose.

Le colporteur s'assit familièrement sur un escabeau, causa abondamment suivant sa coutume, fit sourire la vieille femme, les deux petits enfants sur ses genoux, et leur raconta l'histoire véridique de Gilles de Retz, le Barbe-Bleue armoricain.

Rose, entendant les éclats de rire de ses enfants, accourut toute joyeuse du fond du jardin.

— Ma fille, dit la Maudette, une bonne occasion se présente ; m'est avis que tu as besoin de bien des choses, achète ce qu'il te faut pour toi et les petits ; il me reste au fond de l'armoire de vieilles pièces d'argent dont je veux faire le change.

Mais Rose, devenue subitement pâle, ne répondit pas; elle demeurait muette et consternée, les yeux fixés avec angoisse sur le marchand de toile.

— Ah! c'est vous, la Rose ! dit celui-ci d'un air méprisant, les gens de chez nous se demandaient ce que vous étiez devenue... et quelques-uns disaient que peut-être bien on vous avait mise à l'ombre... Vous êtes heureuse, pas vrai? tant mieux ! enchanté de voir que votre santé est bonne, je le dirai à Lannion... Mais de votre argent, point n'en voudrais, la Rose ; avec des gens comme vous, on ne saurait trop d'où il serait sorti !

Le marchand posa brusquement les enfants à terre, passa son bras dans la bretelle de sangle qui retenait son paquet et le fit lestement passer sur son dos.

Maudette, indignée, se leva en s'appuyant, irritée et menaçante, sur les bras de son fauteuil :

— Sortez ! lui dit-elle, sortez ! n'insultez pas celle que j'aime comme ma fille !

Le colporteur franchit le seuil en répétant :

— Ah ! la Rose est ici ! pour Louis Hubin, on sait ce qu'il en retourne !

Quand le misérable fut parti, Rose se traîna sur les genoux près de la Maudette.

— Voulez-vous que je parte ? lui demanda-t-elle ; cet homme va raconter ma triste histoire dans le village... Vous ne savez pas, mère, à quel point je suis malheureuse... Louis, mon mari, le père de mes enfants... O mon Dieu ! comment vous l'avouer... Eh bien, mère Maudette, il est à Brest... il est au bagne, j'aurais dû vous le dire dès le premier jour !

— Pauvre enfant ! dit l'infirme en serrant la désolée dans ses bras, que j'ai raison de t'aimer... Non, tu ne partiras point, Rose ! Depuis dix-huit mois tu donnes le bon exemple aux Boisières ; j'ai entendu dire que les fautes sont personnelles, et que les innocents ne payent point pour les coupables... Ton honnêteté te défendra contre les méchants, ma fille... et si l'insulte allait jusqu'à toi, eh bien, mon enfant, quand ta pauvre âme n'aurait plus de force pour souffrir, tu me dirais : — Partons, mère Maudette ! et je te répondrais : — Vends le courtil, les ruches, les vaches rousses et la maison ; peu m'importe où je mourrai, pourvu que tu me fermes les yeux... Allons où ton cœur te dira d'aller...

— Ah ! mère Maudette, s'écria Rose, ma vraie mère que le chagrin a couchée dans le cimetière de Lannion n'aurait pas mieux dit pour me consoler !

Pendant toute la soirée, la Maudette et Rose échangèrent de tristes confidences ; et tandis qu'on pleurait dans la Maison-Blanche de Maudette, le colporteur racontait à la veillée, chez l'adjoint, que le mari de la Rose avait été condamné à dix ans de fers pour vol de nuit avec effraction.

A partir de ce jour, les habitants des Boisières affectèrent d'éviter d'adresser la parole à Rose. On se détournait de son chemin avec affectation, on feignait de ne pas entendre son bonjour du matin, son salut affectueux dans la journée. Quand elle se présenta le dimanche suivant à l'église, un grand espace vide fut laissé entre elle et les autres paroissiens. Rose pleura pendant le saint office, sortit la dernière de l'église du village, mais de peur d'affliger l'infirme elle garda le secret amer de ses humiliations.

Plus d'une fois, elle entendit fredonner à son passage des airs de *complaintes* dont l'intention faisait une insulte; souvent une jeune fille jalouse de sa bonne mine, de sa propreté, de sa beauté que le chagrin ne pouvait détruire, lui lançait en passant un mot cruel. Le curé des Boisières consolait et fortifiait la pauvre jeune femme; il plaida sa cause près de plusieurs notables du pays, fit valoir sa bonté, sa douceur, son honnêteté pour tous; il tenta de lever la barrière des préventions; mais dans ce coin de terre perdu entre les saules, il ne réussit point à faire accepter la femme du forçat. Les garnements du village en arrivaient même déjà à poursuivre la Maudette pour la punir de garder Rose.

La solitude se fit de plus en plus autour de Rose; elle se concentra davantage en elle-même, redoubla d'amour pour ses enfants et pour la Maudette, et se cuirassa le cœur contre les attaques injustes des méchants.

La Saint-Louis revint.

Rose, comme l'année précédente, fit à pied la route qui la séparait de Brest, et alla porter au malheureux prisonnier les fleurs de l'enclos et les baisers de ses enfants.

Elle était bien payée alors de son héroïque sacrifice! Elle savait que le cœur égaré de l'homme à qui fut liée sa vie se préservait de l'impur contact de ses compagnons de chaîne, par la pensée que le jour de sa fête, sa bouche flétrie se rafraîchirait au suave baiser de ses enfants! Elle savait que les roses de Maudette, cueillies pour lui, resteraient cachées dans la doublure de sa vareuse de forçat jusqu'à ce que sa main tremblante lui en tendît d'autres! Pauvre jeune femme, elle défendait du désespoir cet homme égaré en venant lui dire, une heure chaque année:

— Si la loi ne t'a pas encore pardonné, j'ai fait comme Dieu, moi, j'ai oublié ta faute!

Elle versait pour douze longs mois du courage dans cette âme abattue, puis elle reprenait le chemin des Boisières, baignant de larmes le front de ses enfants.

Pour Louis Hubin, la vue de Rose et de sa petite famille était la planche de sauvetage, l'étoile dans la nuit, la promesse de l'avenir. Il était sûr de résister au torrent du mal tant que la bouche de ses enfants lui dirait : — Mon père ! tant que la voix douce de Rose répéterait : — Courage !

Après ces visites, il se sentait meilleur; il éprouvait le besoin de prier, d'aimer Dieu, de le bénir, d'épancher sa joie dans une âme sensible; il s'adressait à l'abbé Pascal, lui vantait le dévouement de sa femme et portait légèrement le poids de ses fers.

Cinq années s'étaient passées...

La Maudette était bien vieille, bien cassée; elle ne pouvait plus qu'avec peine se traîner sur le seuil de sa porte, en s'appuyant sur une béquille; c'est de loin que maintenant elle suivait l'office... Rose se rendait seule sous le porche de l'église du village; elle restait craintivement comme le publicain, dans le bas du temple, afin de ne pas être humiliée jusque dans la maison de Dieu. Et Dieu qui, du haut de l'autel, sondait les cœurs des fidèles estimait plus dans sa justice l'âme de la pauvre méprisée que celle des gens du pays qui étalaient dans les bancs leur sotte ignorance et leur cruel orgueil. Le Christ recueillait les larmes de l'affligée et marquait l'heure prochaine où il les changerait en joie !

Rose, les yeux ardemment fixés sur le crucifix, savait qu'elle serait exaucée un jour et priait sans cesse pour la Maudette infirme, pour son mari et pour ses pauvres enfants compris dans l'odieux ostracisme du village.

On était au mois d'août. Les blés s'étoilaient de coquelicots, de bluets et de saponaires; les héliotropes des champs fleurissaient la route; les oiseaux enchantaient les nids, et la moisson se préparait. Un dimanche matin, à l'heure où tintait le dernier coup de la grand' messe, un voyageur couvert de poussière frappa à la porte de la Maison-Blanche.

— Entrez ! dit la Maudette d'une voix faible.

— Faites excuse, dit le voyageur, je cherche ici une femme nommée Rose Hubin.

— Que lui voulez-vous? demanda la paralytique prise soudain d'inquiétude.

— Si vous êtes la Maudette, une bonne femme qui accueillit la pauvre malheureuse abandonnée de tous, il nous sera facile de nous entendre...

— Je suis la Maudette, dit l'infirme.

— Voici, reprit le voyageur; je me nomme Pemzek, sans doute cela ne vous apprend rien, sinon que je suis Breton, franc comme l'air du pays ! J'habite Brest et je taille des pierres dans le chantier où le pauvre Hubin souffre mille morts. Je sais le dévouement de sa femme, et je devine ce qui doit se passer dans le village qu'elle habite. La providence de Brest, l'abbé Pascal, m'a tiré de misère; ma femme et moi nous occupons maintenant dans la maison de la mère du digne aumônier deux belles chambres claires, propres et brillantes que Tina, ma femme, entretient comme des palais. Nous avons manqué de pain, et maintenant tout nous vient en abondance; je me suis dit que je devais partager ce bonheur avec des malheureux. Quand mes quatre enfants avaient faim, plus d'un compagnon leur a donné du biscuit ; j'ai pensé que si Louis avait tous les jours le bonheur de voir Rose, il souffrirait moins de sa captivité, et je suis venu demander à la femme du compagnon si elle voulait une chambre chez nous et sa place à notre table.

— Oui, elle acceptera, Pemzek, il le faut, elle le doit... Je sais à quel supplice elle est ici en butte!

— Et vous, mère Maudette?...

— Moi, hélas! où voulez-vous que j'aille! Je suis bien près de mourir..., répondit la vieille femme.

— Croyez-vous que je veuille séparer Rose de sa mère adoptive? J'ai retenu au village une charrette, dans laquelle on mettra de la paille et des matelas, et je vous emmène, Maudette, vous, Rose et les quatre enfants!

— Oh ! la Providence ! la Providence ! répéta avec ferveur Maudette.

— Je vais au-devant de Rose, dit le tailleur de pierres.

Pemzek se dirigea rapidement vers l'église; il y arriva au moment de l'offertoire, les fidèles agenouillés priaient le Dieu des humbles et des souffrants.

Prosternée sur une dalle tumulaire, à côté du bénitier, Rose implorait le ciel pour les quatre enfants placés devant elle, et dont les fronts candides se levaient, avec une confiance ingénue, vers le Dieu des petits.

Pemzek alla s'agenouiller pieusement tout près de la femme du condamné!

La messe finie, elle se leva la dernière, et quand elle fut sous le porche, le tailleur de pierres l'aborda.

— Je viens de Brest, de la part de Louis Hubin, dit-il en lui remettant une lettre; il se porte bien, n'ayez pas peur, et regardez-moi comme votre frère.

Rose leva les yeux sur l'ouvrier, et sourit en voyant sa bonne et franche figure.

— J'ai aussi quatre petits enfants et à peu près du même âge que les vôtres, dit-il en embrassant Bastien.

Rose lut la lettre de son mari, et garda le silence pendant le court trajet qui séparait l'église de la Maison-Blanche.

— Je sais tout, ma fille, dit l'infirme.

— Que faut-il faire ?

— Nous partons ! répondit Maudette.

Rose se jeta dans ses bras.

— Vois-tu, ma fille, je livre la maison à Boitaud, je vends les vaches à Pâquis, tu emportes seulement quelques sous pour Louis ; je monte dans la voiture amenée par Pemzek ; tu prends place à côté de moi ; les enfants se nichent contre nous, et nous quittons des méchants et des envieux.

— Cela s'appelle parler ! dit Pemzek ; les paquets ne seront pas longs à faire, puisqu'on s'en va de si bon cœur ; entre gens honnêtes, point de bail à signer ; on se frappe dans la main et tout est dit. La Saint-Louis arrive dans deux jours, et le bon Dieu arrange tout pour le bien des faibles.

Quelques heures plus tard, la vieille Maudette, Rose et les quatre enfants enchantés du voyage étaient entassés dans la charrette garnie de paille et de matelas ; Pemzek faisait claquer son fouet et chantonnait un air du pays.

Le lendemain matin les voyageurs arrivaient à Brest. Pemzek fit passer avec mystère la vieille femme, la jeune mère et ses enfants par un escalier de service, les installa dans une grande chambre, posa un doigt sur ses lèvres, et passa dans l'autre pièce.

Tina n'était point encore rentrée.

Midi sonnait à l'horloge de bois, les quatre enfants du tailleur de pierres rentrèrent vivement en balançant leurs livres attachés par une courroie de cuir.

Tina parut peu après, et plaça un repas succulent sur la table couverte d'une nappe blanche.

Pemzek s'assit et regarda tristement le plantureux déjeuner placé devant lui.

— C'est madame Pascal qui nous envoie ces bonnes choses, dit Tina.

— Si nous pouvions partager cette abondance avec ceux qui manquent de tout, répliqua Pemzek.

— Ah ! ce serait de bon cœur, dit Tina.

— Parmi les compagnons qui m'ont secouru jadis, je t'ai cité

Hubin... lui aussi a une femme, jeune, douce, bonne comme toi, Tina...; elle ne l'a point abandonné dans son malheur, et se conduit en épouse fidèle comme en bonne chrétienne... Mais dans le village qu'elle habite on est impitoyable pour elle... Au lavoir elle doit se placer à l'écart, et même dans l'église on la traite en pestiférée... Les pauvres enfants finiront par s'apercevoir de ce mépris, et n'ayant pas la raison de leur mère, peut-être maudiraient-ils celui qui a succombé à une tentation violente...

— Que pourrait-on faire pour eux? demanda Tina en embrassant son fils aîné.

— S'ils étaient à Brest, on leur trouverait de l'ouvrage; Rose filerait, les petits iraient à l'école, et la mère Maudette vivrait paisible à côté d'eux... mais...

— Mais quoi ! dit Tina.

— Il faudrait les adopter pour quelque temps, leur céder une chambre, donner du lin à Rose, et...

— Je trouverais bien du travail pour deux, Pemzek; madame Pascal est là, d'ailleurs... il suffit que cette pauvre femme soit liée à un de nos malheureux forçats, pour que je sois sûre d'être bien reçue quand je lui parlerai d'elle... Quant au logement, j'en céderais de grand cœur la moitié...

— Je donnerais bien mon lit et mon déjeuner! dit Pierre...

— Moi aussi! dit le cadet.

— Nous aussi ! crièrent les deux autres.

— Pemzek, dit Tina, ta tristesse m'a gagnée... Tant que je saurai cette malheureuse femme aux Boisières, je n'aurai plus ni appétit ni sommeil.

— Tu serais donc bien heureuse de la voir!

— Oui, bien heureuse !

Pemzek ne fit qu'un bond jusqu'à la porte de la chambre, l'ouvrit toute grande, et conduisant Rose vers Tina :

— Voici ta sœur, femme! Ces enfants sont vos frères, mes anges chéris ! et voici notre mère à tous! fit-il en désignant respectueusement la vieille Maudette.

Le malade ouvre les yeux, reconnaît l'homme (*Voir page 10*)

IX

LE PÈRE ET LE FILS

Dans une salle garnie de tentures rouges, et dans laquelle de doubles rideaux ne laissaient pénétrer qu'une lumière avare, était couché

un vieillard que l'âge et une cruelle maladie clouaient à la fois sur son lit.

Des oreillers froissés soutenaient sa tête couleur de cire, et à laquelle deux yeux verts, vifs encore, communiquaient seuls un peu de vie. Ses lèvres pâles laissaient passer un souffle rare ; les mains amaigries et nerveuses éloignaient et ramenaient tour à tour les courtines de soie. Sur une table de laque étaient entassées des fioles étiquetées, contenant les ressources dont la médecine dispose pour rendre une force factice aux mourants.

Le vieillard, immobile depuis longtemps, jeta un regard morne autour de lui, avala quelques gouttes d'un cordial et tira le cordon d'une sonnette.

Un domestique parut.

— Jean, mon fils n'est pas venu ce matin ?

— Non, monsieur.

— L'avez-vous vu sortir ?

— Monsieur a, suivant son habitude, commandé sa voiture et est allé à la Bourse, je crois.

— De l'or ! il lui faut de l'or, murmura le vieillard, n'est-il point assez riche déjà, et les biens que je laisse...

Il s'interrompit tout à coup pour embrasser d'un regard dévorant les somptuosités de la chambre qu'il habitait, et dans laquelle s'entassaient les armes de prix, les porcelaines précieuses, les bronzes et les toiles de maîtres.

— Monsieur a-t-il besoin de quelque chose ? demanda Jean obséquieux.

— Restez ! dit le moribond d'une voix brève.

Le domestique demeura immobile, fixant un œil attristé sur son maître.

— Vous me plaignez, dit M. de Rédan.

— Oh ! monsieur..., voulut répondre Jean.

— Vous auriez raison, ajouta le malade. Votre père est mort, n'est-ce pas ?...

— Il y a dix ans, monsieur.

— Je me souviens que, chaque année, je vous ai vu acheter une couronne d'immortelles pour la poser sur sa tombe.

— J'ai suivi l'exemple de mon père qui honorait ainsi la tombe de mon aïeul.

Sans doute M. de Rédan fit un triste retour sur lui-même, car il murmura :

— Je mourra' seul... Il n'assistera même pas à mon agonie... c'est justice! où étais-je à l'heure où mon père expirait... Jean, reprit-il, donnez-moi deux gouttes de cette liqueur jaune... je suis mieux... placez-vous en face de moi et me répondez comme si vous aviez prêté serment de dire la vérité, comme si votre père lui-même vous interrogeait. Qu'a dit le médecin en sortant, hier?

Le domestique pâlit et balbutia.

— Sur mon âme et la vôtre, car il y va de mon salut, Jean, qu'a dit le médecin?

— Il peut se tromper... la maladie empire un jour... puis on est mieux...

— La vérité! la vérité! répéta le malade.

— Eh bien! la vérité est que monsieur, d'après la conviction du docteur, n'a pas vingt-quatre heures à vivre.

— Merci, Jean, dit le malade, d'une voix presque douce.

M. de Rédan prit, sous son oreiller, une large enveloppe scellée de rouge, et la tendant à son fidèle serviteur :

— Gardez ce dépôt, Jean, je n'ai confiance qu'en vous...

— Mais, monsieur Auguste...

— Silence! ce testament ne doit être ouvert qu'après ma mort... Sans cela, on ne me laisserait pas expirer en paix... en paix!... Est-ce donc la paix que je trouve au fond de mon cœur?... Cette démarche tardive peut-elle calmer ma conscience?... je vais mourir... Et les hommes dont j'ai gardé l'estime, et mon fils lui-même, me défendront-ils devant Dieu, si Dieu m'accuse? Et Dieu m'accusera... je le sais, je le sens!

Le malade se leva presque droit sur sa couche, il fit un geste comme pour écarter une ombre vengeresse, et retomba épuisé dans les bras de son domestique.

— Jean, reprit-il, tu es un honnête homme, mais si, par orgueil ou par honte, tu avais gardé pendant toute ta vie le secret d'une faute, d'un crime, que ferais-tu?

— J'enverrais chercher un prêtre, monsieur.

— Et le prêtre t'absoudrait?

— Oui, car si j'étais coupable, je me repentirais.

— Un prêtre! répétait le malade, un prêtre!

— Leurs paroles consolent, dit le serviteur, ce sont nos amis fidèles et discrets.

— Et ce qu'on leur confie...

— Est aussi scellé qu'une tombe, monsieur.

Le malade s'agitait sur sa couche ; une fièvre terrible faisait claquer ses dents, et, comme l'avait prédit le docteur, il ne devait pas survivre à cet accès.

M. de Rédan arriva fort jeune à Bordeaux quelques années après que la révolution eut décimé la noblesse. Riche, bien fait, agréable, il se maria à une jeune fille de bonne maison, qui mourut trois ans après, en lui laissant un fils. Égoïste par nature, le banquier ne regretta que médiocrement sa femme ; l'éducation de son fils fut abandonnée aux domestiques ; plus tard, on prit un précepteur. Quand Auguste eut dix-sept ans, qu'il eut traduit un peu de latin, dévoré beaucoup de romans, fait des dettes, blessé deux camarades en duel, et rempli Bordeaux du bruit de ses folies, M. de Rédan congédia le précepteur, paya à Auguste une année de pension que celui-ci se hâta de manger en trois mois, lui meubla un appartement de garçon, et dit en lui en remettant la clef :

— Vous avez dix-sept ans, je vous rends le maître de votre existence. Seulement, comme la jeunesse n'a qu'un temps et que l'argent est bon à tout âge, je vous conseille de faire des affaires, de vous lancer un peu dans la spéculation pour être à même de mener grand train. si vous en avez la fantaisie.

Auguste savait que M. de Rédan, prodigue en certaines occasions, se montrait parfois d'une avarice étrange, et pour ne pas avoir à subir l'humiliation que lui causait un refus, il suivit le conseil de son père et joua pour son compte. Le père et le fils se voyaient peu. Quand ils se rencontraient, c'était plutôt comme compagnons de plaisir que mus par le désir de se rapprocher. M. de Rédan n'estimait pas son fils ; Auguste méprisait son père.

Ces sentiments instinctifs pour tous les deux n'étaient justifiés par aucun fait précis. Mais le cœur a sa logique, et un pressentiment secret nous avertit vite du degré de tendresse que nous pouvons placer sûrement dans les autres.

Les années, en fuyant, loin de rapprocher l'homme mûr du jeune homme, ne firent que les éloigner davantage. Quand M. de Rédan devint vieux, Auguste, fatigué du monde, des affaires, devenu ambitieux et enfoncé de plus en plus dans son féroce égoïsme, ne vit plus dans le valétudinaire, qui ne quittait sa chambre qu'appuyé sur le bras de Jean, qu'un obstacle à l'accroissement de sa fortune. Il faut avouer aussi qu'Auguste de Rédan, heureux pendant plusieurs années dans ses opérations de bourse, jouait de malheur depuis près de six mois.

A peine venait-il s'informer froidement, et du bout des lèvres, de la santé de son père. Le fidèle Jean se multipliait près du malade, essayant mille supercheries innocentes pour tromper le coup d'œil du père et le rassurer. Jean excusait M. Auguste afin de consoler le vieillard.

Dans un jour de générosité, le banquier, apprenant que le père de son domestique allait être saisi, avait libéralement acquitté sa dette. Jean, fils de paysans, bon, naïf et sensible, se trouva lié à M. de Rédau par ce bienfait. A mesure que les années passèrent, l'abandon dans lequel il vit tomber le banquier augmenta son zèle et son amitié pour lui. On eût dit que Jean était le fils du vieillard, et que l'enfant était le mercenaire à gages. D'ailleurs, le serviteur n'avait pas été sans s'apercevoir qu'une grande douleur était au fond de l'âme de son maître. Cette douleur âpre, poignante, et revenant comme par accès, l'étonna d'abord : puis il remarqua que certaines dates faisaient frissonner son maître ; que les mots de bagne, de bourreau, de guillotine et de justice le jetaient dans de soudaines et inexplicables colères. Il garda le secret de ses pensées, mais son attachement pour M. de Rédan augmenta en raison même d'un malheur qui pesait sur la famille du banquier. Peut-être un des siens avait-il cédé à l'entraînement du crime... Peut-être... Jean ne voulut pas aller trop loin et s'arrêta sur la pente d'une dangereuse curiosité ; il veilla sur sa pensée comme sur ses paroles, éloigna les journaux et les livres, où se trouvaient des comptes-rendus des assises ; et, pour garder paisibles les dernières années de son bienfaiteur, il devint ingénieux comme une femme et prévenant comme un fils.

Si M. de Rédan aimait quelqu'un au monde, c'était Jean. Mais cette âme bronzée laissait rarement voir son attendrissement ; on eût dit que le vieillard luttait contre toute émotion douce et bienfaisante. Si le récit d'une belle action le faisait tressaillir, il cherchait vite une raison humaine pour amoindrir l'acte honorable qu'on lui citait. Devant son fils, il avait affiché une incrédulité aussi dangereuse qu'effrayante ; Auguste ne croyait à rien, il avait entendu son père nier l'existence d'un Dieu !

Peut-être l'athéisme de M. de Rédan n'était point sincère et ne se répétait-il : Dieu n'est pas ! que pour essayer, à toute force, de se le persuader.

Mais la mort avec ses terreurs chassait les doutes et les blasphèmes ; Rédan, qui comptait les minutes de sa vie, sentait à ses angoisses qu'il aurait à rendre compte du bien accompli et du mal consommé.

Abandonné par son fils, c'est à Jean qu'il s'adressait au sein de ses poignantes incertitudes.

Une grande faiblesse succéda à son accès de fièvre.

— Jean, de la lumière! fit-il, il me semble que je descends déjà dans la terre.

Le serviteur tira les rideaux des croisées.

— Le jour est beau, dit le malade, et demain je ne le verrai pas se lever... Où serai-je? vous prierez pour moi, Jean?

— Oui, monsieur.

— Il n'y aura que vous qui prierez.

— Et votre fils, monsieur...

— Mon fils hérite!

— Tout à l'heure, monsieur, reprit Jean avec une certaine hésitation, vous me parliez du ministère des prêtres au chevet des mourants... S'il est des secrets que vous ne puissiez dire ni à votre fils, ni à votre notaire...

— Il en est qu'on voudrait se cacher à soi-même! dit le vieillard en couvrant de ses draps sa face tourmentée.

— Eh bien! reprit Jean, grandissant à cette heure, et oubliant sa position secondaire pour se montrer ami sincère et chrétien courageux, dites un mot et je vais chercher ce consolateur, ce confident; je ne suis que le fils d'un laboureur et d'une paysanne, mais je ne pourrais me voir malade trois jours sans appeler un prêtre auprès de mon lit.

— Il me consolera?

— Oh! oui, monsieur, comme il consolait mon père!

— Ton père était un bien honnête homme, Jean.

— Oui, monsieur, et il est mort en vous bénissant et en me chargeant de vous soigner comme un fils.

— Tu as tenu ta promesse... le temps passe!... va, Jean, va chercher un prêtre!

Le domestique joignit les mains, baisa les doigts osseux de son maître, et se dirigea vers la porte, tandis que la voix plus faible du malade répétait:

— Un prêtre! un prêtre!

— Vous n'irez pas! dit en entrant brusquement au domestique, un homme qui se plaça au chevet du malade.

— Je vais mourir... dit M. de Rédan, je veux voir un prêtre. Obéis, Jean! Va vite...

— Quelle plaisanterie! répliqua Auguste en riant. On voit bien que a maladie dérange votre cerveau; vous m'avez dit cent fois que la confession...

— Silence! malheureux! fit le malade, silence! O mon Dieu! combien vous me punissez de mes blasphèmes...

— Le médecin vous disait souffrant, il aurait pu ajouter que vous deveniez fou.

— Mon fils, dit M. de Rédan, en retrouvant un peu de calme, j'ai tout à l'heure exprimé une volonté formelle : je veux voir un prêtre.

— Pour accuser vos fautes de jeunesse?

— Pour confesser celles de toute ma vie!

— Vous en avez ri avec moi...

— J'ai eu tort! grand tort, je m'en repens... j'expierai...

— Sincèrement, je suis fort affligé de vous voir en cet état, dit Auguste d'un ton dégagé; j'étais loin de vous croire aussi affaibli; sans cela j'eusse négligé la Bourse où, entre parenthèse, je ne suis pas fort heureux depuis quelques mois, et je me serais installé dans votre appartement...

— Merci! fit le vieillard avec amertume; il est un peu tard maintenant pour songer que votre place est auprès d'un père à l'agonie... d'un père qui n'a pas su vous enseigner à le respecter... d'un père qui fit de vous le complice de ses débauches et de ses orgies au lieu de vous donner l'exemple de l'honneur et de la probité... Je fus coupable, mille fois coupable! et le châtiment de ma faiblesse retombe à présent sur ma tête... Auguste, je lis dans votre pensée : vous attendez mon héritage comme une proie à dévorer... ne le niez pas... je ne saurais vous croire, votre cœur n'a point de respect pour moi!... et cependant!-cependant, puis-je vous laisser un or souillé par les larmes, entaché par ce sang!

— Jean! sortez! cria M. Auguste de Rédan.

— Oui, cet or est souillé, reprit le vieillard. Je vais mourir; il faut bien que je parle, il faut bien que je m'accuse... Je veux être absous! je ne veux pas mourir en damné.

— Vous vous tairez! fit Auguste en baissant son visage vers la pâle tête du moribond; vous vous tairez, je le veux...

— Il me fait peur! balbutia le vieillard.

— Eh! qu'importe! si vous avez spolié des innocents et causé la mort malheureuse d'un homme! répondez-vous du désespoir et du suicide des gens que vous ruinez? Où en seraient aujourd'hui les banquiers et les agents de change?

— J'ai fait plus, ô mon Dieu !... il faut avouer, réparer...

— Je paierai ; vous me désignerez les individus.

— Ce n'est pas de l'argent qu'il faut, mon Dieu !... c'est un aveu... des témoins... la honte pour moi...

— Pour nous, alors !

— N'importe! la vérité devant la mort; la vérité devant le jugement de Dieu !

— Vous ne la direz pas!

— Je veux la dire; elle m'oppresse, elle m'étouffe... Jean! Jean! un prêtre.

Le malade se souleva et les derniers mots expirèrent dans sa gorge. Auguste se pencha sur son lit, et, maintenant dans ses doigts de fer les mains débiles du vieillard :

— Je ne veux pas que vous parliez !

— Tu veux donc me tuer?

— Vous voulez bien me ruiner, vous!

— Mais je répare, j'expie !

— Mourez sans réconciliation...

— Je crois... je veux avouer... je veux dire... vite quelqu'un, au secours!

Auguste posa une main sacrilège sur la bouche du vieillard; le malheureux lutta faiblement; des cris inarticulés sortirent de sa gorge contractée.

— Parricide ! dit-il en faisant un dernier effort pour se dégager de l'étreinte criminelle.

Auguste ne quittait pas du regard le visage bouleversé du moribond... Ses yeux injectés de sang épouvantaient le mourant... le souffle lui manquait... ses yeux se couvraient d'un voile.

Tout à coup la porte s'ouvre: Auguste s'éloigne brusquement du lit; le malade jette un regard effaré sur les nouveaux venus.

— Sauvez-moi, dit-il, et il s'évanouit.

Un regard sévère du visiteur, qui s'est approché du mourant, cloue Auguste à sa place. Jean, pâle et grave, donne ses soins à son maître. Le malade ouvre les yeux, reconnaît l'homme qui, par sa brusque entrée, lui a protégé la vie, et regardant Auguste tremblant de son crimé :

— Vous n'avez pas voulu que je me confesse à un prêtre, soit ! Monsieur le procureur impérial, vous entendrez ma déposition... Jean, faites monter tout le monde... ouvrez les portes, il est temps que justice soit faite !

Le regard inquisiteur et froid du magistrat allait du fils impie au
moribond bourrelé de remords. Jean pressentait la fin de la lutte qu'il
avait devinée dans le fond du cœur de son maître. Sans doute, il souffrait à la pensée que son bienfaiteur allait perdre une réputation pro-
verbiale d'honnêteté; mais le fils du paysan, élevé dans les sévères
principes de la foi, se réjouissait de la réparation qui allait être faite
avec une solennité que doublait l'approche de la mort. Soit que M. de
Rédan, en proie à ses tortures incessantes, eût compris le dévouement absolu du fils d'un homme qu'il avait sauvé, soit par un sentiment d'avarice, car chez lui la cupidité luttait contre les instincts du
prodigue, il avait depuis cinq ans congédié ses nombreux domestiques,
en gardant qu'un maître d'hôtel, un cocher et le concierge. Mais en
comptant les commis de la maison de banque et les divers garçons de
caisse et de bureau, l'effectif du personnel se montait encore à seize
personnes environ.

Jean descendit dans les bureaux, et, d'une voix haute quoique
émue, il dit :

— Messieurs, notre maître à tous se meurt; il vous demande. Veuillez
monter !..

— Nous ferait-il un legs? demanda un jeune commis.

— Lui ! tu ne le connais guère, Gaspard; il nous congédie sans doute.

— Mais son fils prendra la suite des affaires.

— Dieu nous en préserve.

Les employés jetèrent en toute hâte leurs plumes sur les tables, les
livres à ferrures de cuivre furent brusquement fermés, les clefs enle-
vées des tiroirs, et les jeunes gens montèrent l'escalier.

Lorsque le domestique fut rentré dans la chambre de M. de Rédan,
le procureur impérial lui donna à voix basse un ordre auquel Jean
répondit par un geste d'obéissance.

— Prenez place au fond de cette chambre, messieurs, dit le magistrat; les gens de M. de Rédan resteront de ce côté.

Les commis se regardèrent, et l'expression de leur visage changea
subitement quand ils eurent contemplé le mourant animé par une
fièvre dévorante, Auguste, semblable à un accusé, et le procureur,
impassible comme la justice.

— C'est un drame de famille, dit Gaspard à son voisin.

Auguste se leva, et, s'adressant au procureur général :

— Permettez-moi de me retirer, monsieur; cette scène pourrait
m'être doublement pénible; j'ignore de quelles révélations veut parler mon père, mais le respect que je lui dois...

— Hypocrite! murmura le vieillard.

— Le respect que je lui dois m'interdit d'entendre tout ce qui pourrait y porter atteinte.

Le magistrat le regarda, et ce fils qui, tout à l'heure, étouffait les cris du mourant, sentit son sang se glacer.

— Suis-je donc compromis? demanda-t-il enfin.

— Peut-être, répondit le magistrat.

— Vous resterez! s'écria le vieillard, vous resterez, ce sera votre châtiment.

— Restez au nom de la loi que je représente! ajouta le procureur général.

Auguste, dont les jambes faiblissaient, se laissa tomber dans un fauteuil.

— Tout le monde est-il venu? demanda le malade.

Un mouvement se fit dans l'antichambre; Jean s'effaça pour laisser passer deux personnes : un prêtre et un sténographe.

Le prêtre se dissimula dans un angle de la chambre rouge; le sténographe se plaça près d'une petite table.

— Je vous écoute, monsieur, dit le magistrat.

— Devant Dieu et devant les hommes, dit M. de Rédan en se soulevant dans un effort et s'appuyant du coude sur les oreillers, je jure de dire la vérité.

Mon père habitait un château aux environs de Caen; notre fortune, sans être considérable, passait pour honorable dans le pays. Nous étions deux frères seulement; ma mère était morte, et au moment où se passa le drame terrible que je dois vous raconter, j'étais sur le point de partir pour Paris où j'allais finir mes études de droit.

Mon frère, plus âgé que moi de deux ans, avait conservé la douceur, la bonté de notre mère qui l'avait entouré de ses soins les plus tendres; elle l'avait chéri plus que moi, sans doute, parce que leurs cœurs se ressemblaient davantage. Pour moi, brusque, un peu querelleur, aimant la chasse avec passion, j'étais le préféré de mon père, vrai gentilhomme de province qui, vivant dans ses terres, y jouissait des seuls plaisirs qui y soient possibles : une table excellente, des courses dans la saison et des visites chez les amis du voisinage. Pour moi, qu'avait initié à une autre vie la lecture de romans dangereux, pour moi qui, jeune et appelant l'inconnu, rêvais les plaisirs de la vie parisienne, l'existence que je menais chez mon père ne pouvait toujours me suffire. Je lui persuadai qu'à Paris les études seraient plus fortes,

que, grâce à des recommandations, j'arriverais à quelque haut emploi,
et j'obtins de partir.

La somme qui fut mise à ma disposition pour dix mois de séjour à
Paris, était minime ; en peu de temps je l'eus dépensée. J'empruntai ;
la fortune territoriale de mon père me fit trouver un juif complaisant
qui, à quarante pour cent d'intérêts, me prêta quelques milliers de
francs. Ils s'engouffrèrent dans les dépenses de table, de spectacle et
de folie. Je rentrai en Normandie criblé de dettes. Mon père me trouva
meilleure tournure, je montais admirablement à cheval, je tenais le
fleuret comme un maître d'armes et j'avais pris un aplomb qui en imposa à la plupart de mes jeunes amis. Les hommes sérieux haussèrent
sans doute les épaules de pitié, je ne vis que mon succès et je me promis de ne rien changer à ma vie.

Mon frère m'observait avec une tristesse qu'il ne put dissimuler, et
me prenant à l'écart :

— Georges, me dit-il, es-tu heureux ?

— Oui, répondis-je.

— Ton âme est tranquille ?

— Je ne me suis jamais demandé si j'en avais une.

— Et les leçons de notre mère ?

— Je les ai oubliées !

— Et les avis de notre précepteur ?

— Rêves et sottises.

— Que fais-tu donc de ta vie ?

— Je me lève tard, je lis les journaux, je monte à cheval, je dîne
avec des amis, je vais au bois, au théâtre, et j'apprends la vie...

— Et tes études ?

— Se bornent à l'escrime, l'équitation et le tir au pistolet.

— Tu trompes mon père, Georges, c'est mal !

— C'est bien, puisqu'il est content de moi.

— Je suis ton meilleur ami, reprit mon frère, ma bourse et mon
cœur sont à toi, tu le sais... Si notre sainte mère vivait encore, peux-
tu dire qu'elle ne serait pas affligée de ta manière de vivre ?

— Mon cher, répondis-je, tu es mon aîné de deux ans, et si ton amitié te porte à la sollicitude, elle ne doit pas, du moins, t'entraîner à la
curiosité.

— Ce n'est pas par curiosité que je t'interroge, Georges, non ; mais
l'autre jour tu te croyais seul et j'entendis, pendant qu'assis dans le
jardin je lisais sous les ormes, j'entendis mon frère qui répétait : Oh !
de l'argent ! de l'argent ! quelle vie infernale !

— Vous surprenez mes secrets ? lui dis-je.

— Ah ! fit-il, je viens te demander : As-tu besoin de vingt-cinq louis ?

— Donne, répondis-je.

Il me remit sa bourse ; je la soupesai, puis me mettant à rire :

Tiens, frère, reprends cette somme ; elle ne serait rien pour moi, et les pauvres du pays la perdraient.

— Tu dois donc beaucoup ? me demanda-t-il.

— Causons d'autre chose. Je viens en Normandie pour fuir mes créanciers. On dit de toi des choses fabuleuses : que tu visites les malheureux paysans ; que tu es le médecin des pauvres ; que deux hommes te doivent la vie. Attends-tu le prix Monthyon ?

— A mon tour, je te dirai : Parlons d'autre chose. Le peu que je fais, mon ami, continue l'œuvre de notre mère... et, du haut du ciel, elle bénit l'enfant qui garde pieusement l'héritage de charité.

Nous nous séparâmes, lui triste, moi railleur.

Ici, soit que ce récit eût épuisé ses forces ou que l'émotion trop violente eut ébranlé ses organes affaiblis, le moribond eut une profonde syncope qui vint suspendre son émouvant récit.

Il fut arrêté et conduit en prison (*Voir page* 113).

X

AULAIRE DE RÉDAN

Lorsqu'après des soins énergiques, le mourant eut repris ses sens, il se remit sur son séant et reprit la suite de son récit.

— J'arrive au point culminant de ma confession, dit-il, je sens que ma vie s'en va et je dois être bref :

Les deux mois de vacances que j'avais pris en Normandie commençaient à me sembler longs. J'avais hâte de rentrer à Paris et de reprendre ma vie dissipée. Le jour de mon départ arriva. Tandis que je réunissais quelques objets dans une petite valise, j'entends mon père dire tout haut dans la chambre voisine :

— C'est imprudent, mon ami, c'est imprudent !

— Bah ! répondit une voix que je reconnus, qui peut savoir que j'ai sur moi pour quatre cent mille francs de valeurs !

— On l'ignore, je le veux bien; mais enfin les routes sont peu sûres ; ne partez pas ce soir.

— Je suis attendu, mon ami; ma femme serait inquiète, je dîne avec vous, puis je prends la route de la Tremblaye.

— Allons, répondit mon père, vous mourrez entêté.

— Je l'espère bien, répondit son ami.

— Ces mots : la Tremblaye... quatre cent mille francs... ce soir... bourdonnèrent dans ma tête ; je ne m'y arrêtai point, je n'avais aucune pensée fixe, mais ils me faisaient l'effet d'un carillon de cloches dans lequel on croit toujours saisir la même phrase.

Mes préparatifs de départ étaient terminés, et l'heure de prendre la route de Caen pour me trouver au départ de la diligence étant venue, j'allai embrasser mon père.

— Georges, me dit-il, l'année de fermages a été mauvaise, je ne veux pas presser nos paysans, je ne puis te donner tout ce que j'aurais voulu, tâche d'être raisonnable.

Il me remit trois mille francs.

Cette déception me rendit furieux. J'avais besoin d'une somme importante pour faire face aux dettes les plus criardes, et j'allais, dès le premier jour, me trouver réduit aux expédients.

J'embrassai froidement mon père.

Mon frère monta avec moi dans le cabriolet ; il me vit triste, me questionna, tenta de me consoler, ne put obtenir ni une confidence, ni une promesse et me quitta désolé, ramenant la voiture au château. Pour être plus libres de causer, nous n'avions pas voulu de domestique.

Arrivé à Caen, je réfléchis encore, puis je me dis que mon père devait avoir de l'argent dans son secrétaire, et que prendre la moitié de ce qu'il y conservait était simplement anticiper sur sa succession. Cette pensée prit de la consistance, elle devint un projet; je formai un plan, et suivant à pied des chemins de traverse je me dirigeai vers le château.

La soirée était sombre, la pluie commençait à tomber, les chemins étaient mauvais.

Tout à coup j'entends le galop d'un cheval, et la voix de M. de la Tremblaye qui était répétée : Vite, Hirondelle ! plus vite !

Je ne sais quel vertige me saisit... Je vis un homme seul... une route déserte... l'orage grondait dans l'air... le voyageur portait une somme considérable... Je pris dans ma poche un pistolet et un couteau et saisissant le cheval à la bride, je criai :

— Remettez vos valeurs, il ne vous sera fait aucun mal.

M. de la Tremblaye éperonna sa monture..., la folie me monta au cerveau, j'abats le cheval d'un coup de pistolet et, saisissant d'une main le voyageur à la gorge, j'essaie de l'autre de m'emparer du portefeuille...

Une lutte acharnée s'engage entre moi et ma victime. J'étais jeune et vigoureux, je gardai l'avantage, mais ce fut au prix d'un crime..., mon couteau s'enfonça dans la poitrine du malheureux...

Ses cris étouffés m'effrayaient, je me penchais pour redoubler les coups que je lui avais portés déjà, quand des bruits de pas retentirent, la lueur d'une lanterne éclaira pleinement mon visage et une voix cria :

— Georges !

Justice de Dieu, c'était mon frère !

J'avais saisi un paquet de billets de banque, et tandis que le témoin de mon crime se précipitait sur M. de la Tremblaye pour lui prodiguer des secours, je repris ma course à travers les champs détrempés par la pluie. Sauter dans une chaise de poste, rejoindre la diligence, me faire inscrire dans un hôtel pour avoir un alibi en cas d'accusation, tout cela fut fait avec une rapidité et une présence d'esprit dont je m'étonne. Ce ne fut que deux jours après que le souvenir de mon crime se représenta à moi dans ses moindres détails et que j'eus horreur de moi-même.

Pendant que je courais sur la route de Caen à Paris, voici ce qui se passait sur la route déserte où le cheval mort gisait à côté de M. de la Tremblaye assassiné :

Par une fatalité inouïe, mon frère avait été appelé dans le village près d'un vieux paysan malade. Obéissant à ces instincts d'humanité et de dévouement, mon frère promit de se rendre chez le malheureux après l'heure du dîner. Durant le repas, il fut encore question de

l'imprudence de M. de la Tremblaye qui traversait seul une distance
de six lieues. On raconta des histoires de brigands, on tenta d'effrayer
le voyageur; puis mon frère et lui se dirent adieu, et le généreux
enfant se dirigea vers la maison du malade.

A dix heures, M. de la Tremblay quitta mon père.

J'ai dit mon crime... Mon frère revenait de sa visite charitable quand
le bruit d'une détonation l'attira de mon côté; il prévit un malheur,
courut de toute sa vitesse et me trouva, moi, Georges de Rédan, achevant de dépouiller celui que j'avais lâchement assassiné...

Le malade fit une pause; il était d'une pâleur livide; Jean lui présenta un verre d'eau dans lequel il versa quelques gouttes d'une liqueur fortifiante, et une faible rougeur remonta à ses joues.

Le plus profond silence régnait dans la salle.

Le prêtre tenait sa figure ensevelie dans ses mains.

Calme et impassible, le sténographe attendait.

M. de Rédan reprit :

— Les détails que je classe maintenant ne me furent donnés que
longtemps après, quand cette terrible affaire se déroula devant la justice.

Mon frère releva le blessé, le porta près d'un talus, banda provisoi-
rement sa blessure et partit en courant du côté du château. On ramena
des domestiques; M. de la Tremblaye fut transporté à bras jusqu'à la
maison; il râlait; un seul nom sortit de ses lèvres : ce fut celui de
mon frère !

La justice était descendue au château. On interrogeait, on question-
nait. D'après les réponses de mon frère, celles des domestiques et le
dernier mot de M. de la Tremblaye que l'on prit pour une accusation,
mon frère fut arrêté...

Nul ne savait que j'avais entendu de ma chambre la conversation
de mon père avec son ami, conversation par laquelle j'appris que notre
hôte avait quatre cent mille francs en portefeuille ! tandis que les domestiques avaient entendu M. de la Tremblaye en parler à mon père
en présence de mon frère.

Je partis avant le dîner, on ne me croyait pas sur la route de Caen à
l'heure de la perpétration du crime.

Mon frère au contraire sortait une heure avant notre hôte, appelait
tardivement au secours..., les voleurs avaient disparu, et, par une
fatalité inouïe, c'était son couteau à lui que j'avais enfoncé dans la
poitrine du malheureux. Nous possédions chacun des couteaux cata-
lans presque semblables. Dans la précipitation du départ je m'étais
trompé.

D'abord mon frère ne comprit pas qu'il pouvait être en cause.

Pour ne point me livrer à la justice, il donna sur l'homme qu'il avait entrevu fuyant dans l'ombre des détails confus, embarrassés, presque contradictoires.

Des charges énormes pesaient sur lui. Il fut arrêté et conduit en prison.

Quand il comprit qu'on l'accusait d'assassinat, que la terrible vérité se fit jour, qu'il vit enfin que c'était lui qu'on allait arrêter, jeter en prison et traîner sur le banc de l'infamie, il se leva beau de courroux et d'indignation ; son innocence brilla sur son candide et noble visage.

— Arrêtez ! s'écria-t-il, je vais...

Puis tout à coup il songea qu'il allait accuser un frère..., que ce frère tout misérable qu'il était avait été l'ami de son enfance... Il pensa que, sans détruire les charges accablantes qui pesaient sur lui, il entraînerait dans l'abîme celui qu'il y précipitait... Au lieu d'un coupable les tribunaux verraient deux complices... Sans doute aussi, cette grande âme sonda les profondeurs d'un dévouement sans exemple, car il se tourna froidement vers le juge d'instruction :

— Je n'ai rien à dire, monsieur ! faites votre devoir.

Les domestiques émus l'accompagnèrent jusqu'au bas du perron ; ils ne pouvaient croire que le jeune maître, qu'ils avaient connu constamment pieux, doux et charitable, fût tout à coup devenu assassin et voleur !

Mais la sortie nocturne, le couteau criaient qu'il était bien le coupable.

Une lettre de mon père m'apprit l'arrestation de mon frère.

J'eus un remords, et pressé de dire la vérité, je partis pour Caen. J'étais résolu à tout avouer, et ne pouvant effacer mon crime, je ne voulais pas du moins le laisser peser sur lui.

La lâcheté prit le dessus..., je voulus me persuader que je ne le sauverais pas, et qu'on attribuerait mes aveux à une générosité fraternelle... Au lieu de courir à la prison, de crier mon crime et de l'expier autant que je le pouvais, je pris un passeport et fuyant à Dieppe je m'embarquai ensuite pour l'Angleterre.

Les journaux de France m'apprirent les détails du procès.

Mon père, frappé au cœur, mourut avant la condamnation de celui qu'on appelait l'assassin de M. de la Tremblaye.

Pendant le procès, mon frère fut admirable de résignation et de courage. Il niait le crime qu'on lui imputait, mais se renfermait dans le système d'une simple dénégation.

Ses qualités aimables, ses vertus passées, sa jeunesse plaidèrent en sa faveur sans doute. On vit dans l'assassinat de M. de la Tremblaye un égarement passager et non l'effet d'une perversité précoce. On lui fit grâce de la peine de mort qui l'eût envoyé tout de suite recevoir le prix de son abnégation. Il fut condamné aux travaux forcés à perpétuité...

Quand cette nouvelle m'arriva, je crus qu'un énorme fardeau pesait maintenant sur ma poitrine. Je fus à la fois allégé et écrasé. J'étais sûr de l'impunité; sûr aussi de ne plus parvenir à chasser la pensée du frère qui expiait mon forfait!

Mon père était mort, j'héritai de ses biens; je les joignis aux quatre cent mille francs volés, et après avoir fait vendre le château de Rédan et les fermes qui l'avoisinaient, je vins me fixer à Bordeaux.

On m'a toujours vu ou sombre et comme oppressé par une pensée amère, ou bruyant pour m'étourdir et cherchant en vain dans le tumulte des fêtes le repos qui me fuyait. Ma jeune et vertueuse femme mourut trois ans après notre union... Elle avait souffert de mon caractère et semblait deviner que ma conscience n'était point tranquille. Je sentais qu'elle me plaignait, mais que sa délicatesse native l'avertissait de ne pas fondre son cœur et sa vie dans la vie d'un homme que ses actes avaient déshonoré.

Elle me laissait un fils!

Mauvais enfant à l'égard de mon père, mauvais frère, et je ne l'avais que trop prouvé, pouvais-je être un bon père? J'ai négligé l'éducation d'Auguste, et mes désordres sont devenus ses exemples! je suis puni! Mes crimes sont châtiés par les siens! J'ai envoyé mon frère innocent au bagne; lui, le malheureux...

Auguste de Rédan voulut interrompre le vieillard.

— Silence! fit celui-ci, je l'ai dit, c'est pour tous l'heure de la justice... Voici mon testament... La loi prive de ses droits civils l'homme flétri par un jugement... mais ce jugement qui frappa mon frère est inique; et c'est moi qui, devant les hommes et devant Dieu, suis le seul criminel. Je suis donc privé de mes droits à l'héritage de mon père : il s'élevait à trois cent mille francs qu'ont quadruplés mes opérations... Cette fortune retourne directement à mon frère... Le portefeuille de M. de la Tremblaye contenait quatre cent mille francs... Voici des valeurs égales qui seront remises à ses héritiers directs. Je donne à Jean, mon fidèle serviteur, trois mille livres de rente; je laisse dix mille francs à mon caissier; une année d'appointements à toutes les personnes employées chez moi...

— Ruiné ! balbutia Auguste, ruiné !

Le vieillard ne l'entendit point, il reprit :

— Ma confession est écrite et mes aveux sont complets, il ne me reste plus qu'à satisfaire à la justice des hommes... Monsieur le procureur général, faites votre devoir !

Le magistrat se leva et s'approchant du mourant :

— Vos aveux sont tardifs, dit-il, et le malheureux que perdit sa générosité l'a peut-être payée de sa vie... Mais enfin, à l'heure de la mort, vous vous êtes souvenu des leçons de votre mère, et vous rendez l'innocence à cet infortuné... le passé regarde la justice ! l'avenir appartient à Dieu.

Le médecin s'avança :

— Cet homme va mourir... dit-il, l'humanité défend de le transporter.

— Bien, monsieur, répondit le magistrat en s'inclinant.

Le sténographe passa le long récit de M. de Rédan au procureur impérial qui le signa ; la main défaillante du mourant traça son nom au bas de cette déposition qui flétrissait sa mémoire ; tous les employés signèrent après lui ; puis la foule muette et consternée descendit, et le prêtre s'avança :

Le regard vitreux du malade ne distinguait plus personne ; il ne lui fut possible d'articuler que ces mots :

— Mon frère se nommait Aulaire de Rédan... bagne de Brest.

Il ajouta avec un cri d'épouvante :

— Un prêtre ! l'absolution !...

Puis ses membres se raidirent, sa bouche se contracta, une écume blanche parut au coin de ses lèvres, il était mort...

— Les jugements de Dieu sont impénétrables ! dit le prêtre, le temps lui a manqué pour implorer la miséricorde, mais l'acte de réparation qu'il vient d'accomplir témoigne de ses regrets ! qu'il trouve la paix éternelle !

Le ministre s'agenouilla près du lit et commença les prières des morts.

— Monsieur, dit le magistrat à Auguste, votre père vous a devant moi accusé de parricide ! je pourrais vous traîner sur le banc de l'infamie, mais au nom de votre oncle, de cet autre de Rédan, victime de sa grandeur d'âme, je me tairai ! c'est à la vengeance du ciel de poursuivre les mauvais fils !

Après le départ du procureur général, Auguste de Rédan en proie à une sourde colère sortit de l'appartement dans lequel était étendu le

corps de son père. Il ne se découvrit pas, il ne pria pas devant cette
dépouille encore chaude; mais montant précipitamment chez lui, il
réunit ses valeurs, y joignit celles des plus riches clients de sa maison
de banque, sortit sans prévenir personne, et comme il avait encore
un passeport pour la Belgique, il prit le chemin de fer.

L'enterrement de M. Georges de Rédan se fit sans pompe et sans
bruit; il ne fallait rien de sympathique autour de cette tombe souillée;
un seul prêtre suivit le convoi. Jean marchait derrière le cercueil,
pleurant l'homme qui, bien que coupable, avait du moins sauvé l'honneur d'une famille de laboureurs.

— Allons, pensa Jean, il me reste un devoir à remplir, et je suis
sûr d'entrer dans les vues de mon ancien maître, à qui Dieu fasse
miséricorde! Tant qu'il y aura des Rédan dans le monde je me trouverai leur obligé. Il me semble qu'en mourant M. Georges me lègue
son malheureux frère... Pauvre vieillard... il avait deux ans de plus
que mon maître... il en a soixante-douze maintenant, au moins...
cinquante ans de bagne! misère de moi!

Le fidèle serviteur nommé d'abord gardien des scellés se fit remplacer, boucla sa malle et alla faire part de son projet au prêtre qui
avait accompagné le corps de Georges au cimetière.

— Allez, mon ami, lui dit celui-ci, c'est Dieu qui vous inspire, voici
une lettre que vous remettrez à l'abbé Pascal... le protecteur, l'ami,
le frère des condamnés. Il doit beaucoup connaître le malheureux
Aulaire de Rédan; car sans doute il n'a perdu au bagne ni sa foi ni
son admirable charité. Justice sera rendue, et l'innocent quittera la
demeure de l'infamie; alors, vous aussi, vous aurez une mission à
remplir!

Jean partit pour Brest.

Le procureur général ne confia à personne le soin de s'occuper de
la triste et délicate affaire dont l'achèvement était remis à son dévouement et à son habileté. Il écrivit d'abord au commissaire de marine,
en lui faisant connaître succinctement les circonstances auxquelles il
devait la certitude de l'innocence d'Aulaire. Il terminait en appelant
sur cette noble victime toute la pitié, tous les soins, toute l'admiration
qu'on lui devait, sans lui annoncer cependant que son pieux silence
était désormais inutile.

Une seconde lettre, expédiée au procureur du tribunal de Brest,
contenait des détails sur la mort de Georges de Rédan.

Le magistrat fit plus. Il partit pour Caen, interrogea quelques vieillards qui avaient jadis connu la famille de Rédan, consulta les archives

du tribunal, écrivit un long mémoire, fit insérer de nombreux articles dans les journaux, s'adressa au ministre de la justice, et mit dans l'accomplissement de sa mission un zèle qui honorait autant l'homme que le magistrat. Toutes les cours impériales s'émurent; on rappela les détails de l'assassinat de M. de la Tremblaye ; des brochures illustrées se vendirent dans les magasins de librairie ; des complaintes se chantèrent dans les rues; mais ce mouvement, ce bruit, ces nouvelles, les émotions dramatiques que causait cette lugubre histoire ne parvinrent point jusqu'à l'infirmerie où s'achevait lentement la guérison de Bleu-de-Ciel.

Tandis que le nom du généreux Aulaire de Rédan était prononcé avec enthousiasme par les hommes et par les femmes, le vieux forçat, quoique environné de soins, sentait pourtant sa vie s'éteindre. Les plaies béantes étaient fermées, mais les sources de l'existence se tarissaient... Cinquante ans de captivité sans adoucissement, cinquante ans de martyre avaient brisé ce corps robuste. Bleu-de-Ciel ne se plaignait point; plus il sentait augmenter sa faiblesse, plus il voyait proche une récompense sublime dont l'attente lui avait donné le courage de garder le silence. Le malheureux regrettait pourtant ses compagnons!

Il savait quel empire exerçaient sur eux sa parole calme et affectueuse, son regard bienveillant, son affabilité constante. Il se demandait qui les aimerait comme lui, parmi les forçats. Puis il songeait à l'abbé Pascal dont l'amitié avait doublé sa force et son courage. Quand l'homme s'était senti écrasé sous son fardeau, l'aumônier lui avait rappelé quel prix attend celui qui pardonne et qui souffre. La main du prêtre avait calmé les battements trop rapides de son cœur; elle avait essuyé ses larmes, elle avait pansé chacune de ses plaies. Aulaire s'était réfugié dans cette âme également innocente et fraternelle, élevée plus encore par les fonctions sublimes du sacerdoce. Martyrs tous les deux, l'un de son zèle, l'autre de son affection pour Georges, ils avaient partagé la même couronne d'épines. Aussi Aulaire regrettait-il l'aumônier comme l'unique ami que le Ciel lui eût laissé dans sa détresse.

Le Sauveur a fait de l'amitié une vertu chrétienne; consacré les liens de l'affection par les tendres préférences qu'il eut pour Jean et Lazare. Lazare, son hôte, le frère de Marthe si simple, si empressée de faire bon accueil au Maître vénéré; le frère de Marie qui, en silence et les yeux levés sur le visage du Christ, écoutait sa parole et la gravait dans son cœur.

Entre le vétéran du bagne, meurtri par des fers qui l'ennoblissaient et l'aumônier chargé de consoler les douleurs de ceux qui souffraient les mêmes tortures, existait un lien sublime que les hommes ne pouvaient comprendre, et qui, pour eux, était une source de joie. Quand une peine nouvelle frappait au cœur un malheureux, c'est Aulaire qui disait à l'abbé Pascal : il pleure, parlez-lui de Dieu! Si une punition trop sévère accablait un forçat, Bleu-de-Ciel en avertissait l'aumônier, dont l'éloquente parole attendrissait souvent les gardiens et arrachait une grâce à M. Monvel. Mais Aulaire se cachait des avis qu'il donnait, des services qu'il rendait comme de fautes qu'il aurait commises. Il ne voulait être pour tous que le galérien soumis au même joug, et pour ne point décourager ses compagnons, il repoussait pour lui-même tout allégement à son sort.

Une après-dînée, le soleil brillait dans un beau ciel sans nuages, il éclairait gaiement la chambre des convalescents; avec lui semblait entrer dans ce lieu un rayon d'espérance. La tête recueillie d'Aulaire s'était levée vers l'horizon; il regardait la mer bleue moirée d'or, le ciel profond, les vagues caressantes, les navires à l'ancre, les bateaux pêcheurs, et semblait admirer toutes ces beautés comme pour les fixer dans son souvenir. Sans doute aussi des pensées plus hautes remplirent son âme, car le prisonnier joignit les mains sur ses genoux et s'absorba dans une méditation pieuse.

L'abbé Pascal entra.

Il semblait fort ému, et ce fut avec un sentiment de pitié respectueuse qu'il salua Aulaire.

— Vous nous oubliez... dit le forçat avec un sourire.

— Êtes-vous mieux? demanda l'abbé Pascal.

— Oui, monsieur, je m'affaiblis.

— Aulaire! ces mots sont presque coupables.

— Que le Seigneur me les pardonne, dit le galérien avec ferveur! je me **réjouis de ma mort** prochaine, parce qu'elle doit me mettre en possession de sa gloire et de son éternel amour!

— Ainsi, vous n'aspirez même plus au trépas pour être délivré d'une vie de mépris et de servitude?

— Ah! monsieur, qu'est le mépris des hommes, je vous le demande, et puis-je au vain éclat de leur considération opposer la pensée consolante que Dieu pèse l'innocence de ʼmon âme au poids de son sanctuaire?

— Mais si cette innocence venait à être reconnue?

— Je ne le désire pas! je recevrais alors ma récompense en ce monde...

— Que feriez-vous, Aulaire ?

— Je supplierais le Seigneur, au nom de ma résignation de cinquante années, de me permettre de mourir avant que le secret de ma
vie transpirât au dehors ! J'ai vécu au bagne et j'y ai trouvé la paix ;
je souhaite mourir forçat de Jésus-Christ, honoré des fers qu'il porta,
flétri par une condamnation infamante ! je sais, comme Job, que je
ressusciterai au dernier jour et que mon Rédempteur m'accueillera
dans son royaume ! Je sais que bien des innocents ont porté des fers
pour la cause du pays, de la religion ou de la science ! Ces hommes,
ces saints, ces savants sont mes frères. Le Masque de fer, Trenk,
Latude, Andriane, Silvio Pellico, Maroncelli ont été prisonniers !
nous nous retrouverons là-haut, mon père ! et Dieu seul mesurera la
compensation due à mes tortures !

— Et votre frère ?

— Vous pouvez m'en parler sans craindre de rouvrir une blessure
saignante, monsieur Pascal ; je crois qu'il est heureux selon le monde,
je souhaite qu'il se repente devant Dieu...

— S'il se repent, Aulaire, sa voix dira la vérité bien haut, et votre
abnégation tournera à votre louange.

Le forçat saisit vivement la main du prêtre :

— Que le Seigneur éloigne de moi cette épreuve..., j'aime ma vareuse de galérien, vêtement d'humiliation collé maintenant à mes vieux
os ! J'aime la manille qui blesse ma jambe et me fait traîner péniblement mes pas... J'aime la marque du bourreau qui a brûlé les chairs
de mon épaule..., chacune de ces douleurs me consacre au Crucifié !

La voix d'Aulaire s'était graduellement élevée, son front serein
respirait la plénitude d'une joie intérieure, ses yeux rayonnaient de
l'enthousiasme des martyrs.

L'aumônier se leva :

— Que la volonté de Dieu s'accomplisse, Aulaire, vous ne pouvez
demander davantage.

— Mon père ! mon père ! vous me cachez quelque chose, s'écria
Bleu-de-Ciel, que savez-vous, que vous a-t-on dit ?

— Monsieur de Rédan, répondit l'abbé Pascal d'un accent étouffé
par mille émotions diverses, votre frère Georges est mort...

— Mon frère Georges ! ayez pitié de lui, mon Dieu, dit le galérien
dont les yeux se voilèrent de larmes. Puis il ajouta : Vous avez prononcé un nom qui n'a point d'écho ici, monsieur l'abbé... Je suis un
numéro inscrit sur la matricule d'un registre... et ma famille est aujourd'hui complètement éteinte ! La vie sociale est finie pour moi... et

à jamais. Puis-je vous demander comment vous avez appris la mort de Georges?

— Une lettre de mes amis m'informe que M. de Rédan, banquier à Bordeaux, vient de mourir dans cette ville.

— Et s'est-il repenti?...

— Il s'est repenti sans avoir le temps de recevoir le pardon de ses fautes; mais la miséricorde du Seigneur est sans bornes et vous pouvez espérer encore...

— J'espère toujours, dit Bleu-de-Ciel.

Il garda un moment le silence, puis il ajouta :

— D'où venait votre émotion quand vous m'avez abordé? Que signifie le nom de Rédan qui est sorti de vos lèvres? vous ne m'avez pas tout dit?

En ce moment, Loïc avertit l'abbé Pascal que M. Monvel le faisait demander.

— Quand vous reverrai-je? demanda le prisonnier.

— Demain sans doute ; à bientôt, Aulaire !

L'aumônier sortit.

— Ah ! dit Loïc, nous conterez-vous encore, ce soir, de belles histoires? Nous parlerez-vous des hommes qui ont aimé les prisonniers?

— Oui, Loïc.

— Quel bonheur ! dit le soldat, je vais l'annoncer à mes camarades et le *paillot* a promis de la transcrire pour que les compagnons qui viendront après nous et qui ne pourront vous entendre sachent pourtant qu'il y a eu, comme vous dites, des avocats du malheur.

M. l'abbé, me dit une voisine, la vieille Catherine est au logis (*Voir page* 129).

XI

LA VOCATION DE L'ABBÉ PASCAL

Lorsque l'abbé Pascal entra dans le cabinet du commissaire général de la marine, celui-ci se promenait à grands pas, en proie à une extrême agitation.

11

— Enfin, vous voici, l'abbé! mille pardons de vous avoir dérangé
dans votre charitable tournée, mais il s'agit d'un de ces malheureux,
du plus ancien, du plus résigné, du plus patient de tous ces hommes!
J'avais douté, car à force de voir des criminels on acquiert une grande
science de physionomiste; vos convictions ébranlaient les miennes;
le calme surnaturel de cet homme, sa conduite étaient trop extraordi-
naires pour ne point cacher un mystère... Ce mystère, je le connais...
j'ai le mot de cette énigme vivante! Bleu-de-Ciel le forçat n'est autre
qu'Aulaire de Rédan, condamné aux travaux forcés à perpétuité pour
assassinat... et le coupable, le meurtrier de M. de la Tremblaye, était
son frère, Georges de Rédan!

— Je savais tout cela, dit tranquillement l'abbé.

— Et vous ne m'aviez rien dit?

— Je ne le pouvais pas, monsieur! Innocent ou coupable, l'homme
qui s'agenouillait devant moi au saint tribunal pouvait parler sans
qu'il me fût possible de proclamer sa vertu ou de flétrir son crime!
Représentant de Dieu, je devais demeurer muet comme lui! Il lui
plaît maintenant de dévoiler à tous l'héroïsme d'un homme que j'admire, je suis le premier à l'en bénir; s'il eût jugé meilleur de cacher a
tous ce mystère, j'adorerais ses décrets sans chercher à les pénétrer.

Le commissaire de marine tendit à l'aumônier la lettre du procureur
impérial de Bordeaux.

L'abbé Pascal remit à l'employé supérieur celle qu'il avait reçue de
son confrère

— De semblables traits font oublier bien des actions mauvaises!
s'écria le commissaire général.

— Qu'allez-vous faire, monsieur?

— J'attends les ordres du ministre; quelque précise que soit la
lettre de l'honorable magistrat qui m'écrit, mon devoir m'oblige à
différer la réparation due à Aulaire de Rédan.

— Sa réhabilitation vient trop tard, monsieur Monvel..., elle ne
consolera que son agonie.

— Est-il plus mal?

— Non, mais les forces sont épuisées en lui.. , c'est une lampe qui
jette des lueurs intermittentes et qui menace de s'éteindre. Encore
quinze jours et le malheureux n'entendrait point la voix qui lui dirait:
Levez-vous, libre! levez-vous, digne d'honneur et de louanges : le
monde vous est rouvert..., car alors c'est Dieu qui l'aura appelé au
ciel.

— Il fut le modèle vivant du bagne. dit Monvel.

— Il m'édifia souvent moi-même, monsieur le commissaire, en le perdant je perdrai un ami...

— Savez vous ce que l'on dit de son neveu ?

— Auguste de Rédan ? Non.

— Il s'est enfui de son hôtel avant même que son père fût enterré, et enlevant toutes les valeurs déposées chez lui, il laisse dans sa caisse un déficit énorme. Il est à Bruxelles et l'on attend un ordre d'extradition. Il paraît que le misérable, épouvanté des révélations que voulait faire le malheureux de Rédan, assassin de la Tremblaye, aurait voulu tuer son père !... C'est une terrible histoire.

Un domestique apporta des journaux.

Un long article du procureur impérial de Caen occupait une partie des colonnes : dans les faits divers on lisait :

« Un banquier de Bordeaux, bien connu à la Bourse, a quitté cette
« ville il y a huit jours, emportant avec lui pour huit cent mille francs
« de valeurs. Un de ses principaux créanciers, réduit à une horrible
« misère par suite de cette faillite, l'a suivi et rejoint à Bruxelles. Une
« scène violente a eu lieu ; le banquier a cédé et remis à M. X. la
« somme qu'il lui avait enlevée ; ensuite, craignant sans doute les
« poursuites actives de la justice, il s'est rendu dans un petit apparte-
« ment garni, qu'il venait de louer sous un faux nom, et s'est fait sau-
« ter la cervelle. »

— Le doigt de Dieu se montre en toutes choses, dit l'abbé Pascal, dans le châtiment comme dans la récompense.

— Aulaire semble choisi comme une victime pour supporter tous les maux de sa famille.

— Aulaire n'est point inquiet du prix de ses souffrances.

— Mais vous, l'abbé, demanda le commissaire général avec chaleur, vous qui vous sacrifiez à toute heure du jour, de la nuit, qui jetez votre fortune dans le gouffre des bagnes, qui épousez en quelque sorte cette grande léproserie, trouvez-vous votre satisfaction complète, absolue, dans les pénibles fonctions que vous avez choisies ?

Monsieur Monvel, répondit l'aumônier d'une voix douce, il me faudrait, pour vous répondre, vous faire l'histoire de ma vocation. Elle date de loin : Un jour, tout enfant, en parcourant sous les yeux de ma mère les *Actes des Apôtres*, je fus frappé par ces singulières paroles : « Un ange du Seigneur parut, et la lumière brilla dans la prison. » Cette merveilleuse image impressionna vivement mon esprit et me poursuivit longtemps de son obsession mystique, avivée sans cesse par la lecture du Nouveau Testament qui nous représente le captif favorisé de visions bénies, d'apparitions angéliques, de promesses ineffables.

Plus tard, l'héroïsme de Jean de Matha, qui se voua au rachat des captifs, celui de Vincent de Paul qui, dans l'enthousiasme sublime de sa charité, prit les fers d'un malheureux détenu sur les galères du roi donnèrent une forme plus concrète à mon rêve. Alors, comme les apôtres du Dieu qui fut traîné dans les prétoires et les cours de Jérusalem, je me dis à mon tour : Faisons-nous anathème pour les prisonniers! Vivons de leur vie ! Enfermons-nous dans le même abîme et pleurons sur les chaînes que nous ne pouvons briser !

L'histoire des misères humaines acheva de me gagner à cette vocation : à toutes les époques, les souffrances des captifs ont excité des sympathies ardentes auxquelles j'aimais à réchauffer les miennes. Depuis les Pères de la Merci mendiant pour le rachat des prisonniers, combien furent nombreux les ordres qui marchèrent sur leurs traces et se vouèrent à l'œuvre des prisons! Mais, aujourd'hui que les rigueurs des lois judiciaires ne laissent guère au prêtre d'autre mission à remplir auprès des condamnés que celle de les absoudre a l'heure du supplice, je pensais qu'il y avait là encore, pour un serviteur de Dieu, une mission très belle. L'œuvre de Gerson me parut alors admirable, car, vous le savez, Monsieur Monvel, l'immortel auteur de l'*Imitation* et de l'*Homme contemplatif* écrivit aussi la *Science de bien mourir* et intercéda tellement auprès de la Cour qu'il obtint ce qu'on avait refusé jusqu'alors aux condamnés à mort : la présence du prêtre à l'échafaud.

— Oui, je sais, dit M. Monvel, avant lui la justice humaine interdisait à la miséricorde divine le cachot de ceux qu'avait brisés le chevalet. Pas une gloire ne devait manquer au grand chancelier de France; aussi son nom mérite-t-il d'être éternellement béni des prisonniers.

— C'est ce que j'ai voulu faire en suivant la voie qu'il a tracée, reprit l'abbé. Depuis que les gibets sont tombés à Montfaucon, que la grève a cessé d'entendre les cris d'agonie, le sifflement du fouet des exécuteurs, les cris d'angoisse du patient attaché à la roue, le système de la réclusion a fait faire un nouveau pas à la clémence et à la charité. On a moins l'air de se venger que de punir. La main des hommes a cependant scellé la pierre des sépulcres dans lesquels doivent vivre et mourir les coupables et c'est à l'entrée de ces sépulcres que le prêtre, comme l'ange du Seigneur, doit porter sa lumière. Car il y a beaucoup d'améliorations à apporter au sort de ces malheureux déjà dans l'ombre de la mort. Sauver leurs âmes à l'heure suprême est encore un résultat immense, mais je veux plus et j'aspire à devancer l'heure de la moisson.

Est-ce que Dieu a jamais rejeté son peuple? Quelque misérable qu'on devienne, on lui appartient toujours et c'est le rôle du prêtre que de le rappeler. C'est ce que je m'efforce de faire chaque jour ici en leur disant : « Vous avez oublié les lois humaines, je vous rappelle les commandements divins; vous avez méconnu l'obéissance, je vous répète qu'il faut être soumis non seulement par la crainte mais aussi par devoir.

Sans doute, ces hommes égarés, cette écume du peuple, cette lie de la société n'est pas ramenée sans peine au sentiment de l'honneur. Il faut que le prêtre instruise, implore, prie et pleure avec eux; qu'il partage les angoisses du prisonnier et porte sa lourde croix. Mais il est rare que son abnégation sublime demeure sans récompense. Il n'arrive presque jamais que l'âme du malheureux échappe au filet du pêcheur évangélique. Quel triomphe alors pour le prêtre! Avec quelle joie il embrasse le misérable qu'il appelle son frère; avec quelle ferveur il presse sur ses lèvres le crucifix vainqueur... Quelle allégresse pour celui qui rapporte sur ses épaules la brebis égarée...

Et voilà comment, là où l'homme place des sentinelles et des gardes-chiourmes, Dieu envoie un ministre de la paix. Dans le sein des ténèbres qui enveloppent l'enfer terrestre d'où Dante aurait chassé l'espoir, l'ange du Seigneur ouvre la porte de la prison comme un gage d'espérance. Il entre, il dit simplement : Me voici! Et soudain tout change de face : l'air se purifie, le ciel rayonne, la patience devient facile, la résignation apaise le cœur. Quand vous voyez le front d'un malheureux rasséréné, son âme ouverte à des croyances bénies, sa haine pacifiée, son cœur guéri, vous pouvez dire, sans crainte de vous tromper : Un prêtre a passé ici! Il a porté le fardeau de ces hommes; il a éprouvé leurs douleurs, il a adopté quelques-uns des membres souffrants de la grande famille humaine.

— Ah! Monsieur Monvel, vous le voyez, on n'a point inventé un supplice que le disciple du Christ n'ait consenti à partager. Pour les nègres qui gémissaient dans l'esclavage, Pierre Claver sacrifia sa vie ; pour le sauvage des savanes, le missionnaire s'expatrie tous les jours, vole au-devant du martyre, martyre toujours atroce et dont les supplices du moyen âge ne rappellent que de loin l'épouvantable horreur. Point de ville, quand les remparts portent le drapeau noir de la peste, où l'homme de Dieu ne pénètre. Sous les rameaux vénéneux de l'upas et du mancenillier, vous étendriez des hommes condamnés à mort qu'il se trouverait encore des prêtres pour aller s'agenouiller **près** d'eux.

Quoi que l'homme crée, quoi qu'il fasse dans son génie ou son humanité, il sera toujours distancé par le prêtre : où la chair est vaincue, où l'esprit triomphe, toujours l'héroïsme préside ; celui qui vit en Jésus-Christ peut, comme lui, monter au calvaire.

Aussi, pas de prison qui n'ait son aumônier, de bagne que ne visite, à toute heure, un ange gardien visible chargé de guérir les aveugles, de faire mouvoir les paralytiques, d'ouvrir l'ouïe aux sourds, de rendre la parole aux muets et de ressusciter même les morts de la foi !

— Votre œuvre est grande parce qu'elle est de Dieu, fit M. Monvel, visiblement ému.

— Tout ce que je viens de vous exposer m'avait conduit au séminaire où je songeais avec regret que l'ordre de la Merci n'existait plus et que je me trouvais dans l'impuissance — au moins dans une certaine limite — à réaliser une idée de dévouement pour ceux qui souffrent et, parmi ceux-là, principalement les exilés, les prisonniers, les galériens m'ont inspiré la plus grande pitié. Par une disposition mystérieuse de la Providence, le cœur de chacun de nous s'incline plus doucement vers une des misères auxquelles l'homme est exposé ou que les vices non réprimés de sa nature attirent sur sa tête. Je priais et je souffrais intérieurement beaucoup, quand le Seigneur sembla m'appeler définitivement par mon nom et me désigner du doigt la route que je devais suivre et l'apostolat auquel je devais consacrer ma vie.

Mais pardon, Monsieur, fit l'abbé Pascal, ces souvenirs m'entraînent trop loin, et les détails qui décidèrent la vocation d'un ecclésiastique vous sont trop étrangers et j'oserai dire trop indifférents pour que je vous les raconte...

— Non, non, répondit le commissaire de marine, parlez, monsieur l'aumônier, comme un philanthrope à un philanthrope, ou plutôt, changez la compassion naturelle que j'éprouve pour les malheureux de ce bagne, en une pitié chrétienne qui relève, purifie et grandisse les sentiments que je sens au fond de mon cœur. Réunis sur le champ de bataille, moi, pour sévir et améliorer, vous, pour consoler et absoudre, entendons-nous comme deux amis sincères. Que la force et l'amour s'unissent dans nos âmes. J'ai beaucoup à apprendre de vous ; ce que je fais par instinct, vous le réaliserez par le sentiment calme et réfléchi du devoir. L'autorité légale et le pouvoir chrétien devraient toujours s'entendre, mais surtout quand il s'agit des malheureux.

— Vous émettez une grande pensée, Monsieur Monvel ; de la division souvent systématique de l'autorité légale et de l'influence religieuse naissent bien des entraves à l'accomplissement du bien que l'on devrait faire. Mais vous voulez savoir comment le séminariste trouva sa voie, le voici...

J'ai fait mes études au séminaire de Sainte-Anne d'Auray ; les autres maisons religieuses où entrent les jeunes gens qui se destinent à l'état ecclésiastique ne ressemblent en rien à celle-ci.

Nos compagnons étaient recrutés parmi la noblesse, la bourgeoisie et les paysans. Beaucoup portaient encore la veste de flanelle blanche et les longs cheveux ; beaucoup vivaient de privations pour arriver à leur but et réaliser le vœu de leur famille. En Bretagne, on est si fier de dire dans une ferme : Notre fils est prêtre ! Nous habitions Vannes, jolie ville dans laquelle on respire un parfum affaibli des grèves ; elle a de longues promenades ombreuses, une rivière sur laquelle naviguent de lourds bateaux à voiles rouges ; elle est restée plus armoricaine que française, et les paysannes qui y viennent au marché tiennent à honneur de vous dire qu'elles n'entendent point le gallois.

Ma mère m'envoya à Auray ; simple, généreuse et tendre, elle avait aimé son mari plus qu'elle-même, elle se dévoua pour son fils comme elle s'était oubliée pour son époux. Elle était de la même race que la mère des Machabées, les Symphorose et les Félicité ; elle nous aimait pour Dieu d'abord, et pour nous ensuite. Quant à elle, noble et sainte femme, elle se plaçait au pied de la croix, patiente, résignée, heureuse du bonheur qu'elle donnait, triste de ne pouvoir faire davantage.

Un soir, nous étions assis tous deux près d'une haute fenêtre, et notre pensée se reportait vers cet autre couple maternel et filial, Monique et Augustin, qui s'entretenaient de Dieu et du ciel en face de la mer qui baignait la plage d'Ostie.

— Mon enfant, me dit ma mère, regretterais-tu de te consacrer au Seigneur? tu sembles triste, et quand tu revenais aux vacances les années précédentes, tu ne rêvais pas si longtemps, et tu ne restais pas si longtemps accoudé sur la table devant les pages d'un livre que tu ne lis plus.

— Regretter ! ma mère, lui répondis-je, ah ! le Seigneur me préserve de retourner jamais en arrière ! Mes désirs, ma force, ma volonté se dirigent vers la croix ; mais les âmes sont différentes comme les fleurs et les étoiles ; et j'ignore si je dois embrasser l'état religieux avec son silence, ses austérités, ses psalmodies, ou la vie active et voyageuse du missionnaire, ou bien me vouer à l'une des œuvres qui régénèrent l'humanité.

— Il faut prier, mon fils, dit ma mère.

— Prions! lui répondis-je.

Tous deux, agenouillés près de la croisée, les yeux levés vers le ciel qui s'illuminait d'étoiles, enveloppés des parfums du jardin que le vent léger du soir rendait plus suaves, nous répétâmes cette hymne admirable qui appelle dans les âmes l'esprit de force, d'intelligence et de conseil...

Quand nous nous relevâmes, la nuit était venue.

A peine les flambeaux furent-ils allumés et eûmes-nous repris notre place auprès d'une table chargée de toile, de laine, de morceaux d'étoffe que ma mère convertissait en vêtements pour les malheureux, qu'on introduisit l'abbé Morieu avec qui j'avais passé deux années au séminaire de Saint-Anne. Plus âgé que moi de trois ans, grand, digne et inspirant une sympathie spontanée, Pierre Morieu possédait toute ma confiance et toute mon amitié. Nous avions continué à nous écrire, et pendant les vacances nous nous voyions souvent.

— Ami, me dit-il, l'aumônier de la prison est malade, on m'a chargé de le remplacer... moi! Un homme est condamné à mort; ce misérable, après avoir massacré son beau-frère, sa sœur et ses deux neveux, ne semble pas avoir la conscience de son crime. Les paroles, les conseils glissent sur cette âme endurcie. Impie par système, il montera sur l'échafaud avec cynisme et donnera à une population avide le spectacle désolant d'une mort qui n'est pas purifiée par le repentir. Je suis désolé; mon cœur d'homme et ma conscience de prêtre souffrent également... J'avais supplié l'évêque de ne point me charger de cette responsabilité, mais j'ai dû me soumettre à ses ordres. Depuis huit jours, presque continuellement enfermé avec le condamné, je lui rappelle tour à tour les vérités de la foi, les trésors de la miséricorde; il m'écoute en silence, paraît quelquefois sur le point de céder, puis me répond par un blasphème et m'épouvante par le cynisme de ses paroles... J'ai demandé un sursis de trois jours, je l'ai obtenu, mais je crains bien de ne rien gagner sur cette nature rebelle.

— Quoi! demandai-je à l'abbé Morieu, vous n'avez pas trouvé le côté sensible de cette nature?

— Non.

— La cupidité fut-elle le mobile de son crime?

— Non.

— A-t-il encore sa mère?

— Elle s'est présentée vingt fois à la porte de sa prison, il a refusé de la voir.

— Où demeure-t-elle?

— A quatre lieues d'ici.

— Vous avez trois jours avant l'exécution?

— Trois jours.

— Demain, dis je à mon condisciple, j'irai trouver sa mère, et par elle je saurai si l'on peut espérer encore quelque chose... dans tous les cas, ami, le crucifix que l'on tient entre les doigts et que l'on pose sur les lèvres blêmes du condamné à mort possède une éloquence divine et mystérieuse que nous ne pouvons ni comprendre ni expliquer...

— Je suis bien aise de vous avoir vu, me dit-il, vous me rendez la confiance. Que faisiez-vous, Pascal?

— Je cherchais dans les Pères de l'Église les passages les plus consolants pour ceux qui ont beaucoup péché et qui se sont grandement repentis. De ces extraits je ferai un livre : *Les Brebis égarées.* Quand on l'aura lu, de quelque poids que l'âme soit chargée, elle renaîtra doucement à l'espérance. Je ferai de cet ouvrage un bouclier contre le désespoir.

L'abbé Morieu me quitta, et le lendemain, accompagné de ma mère, je me dirigeai vers l'ancienne demeure du condamné à mort.

Tout le monde me la désigna dans le village par un geste muet et douloureux.

Les fenêtres en étaient fermées; on eût dit un tombeau.

Je frappai, mais inutilement.

— Monsieur l'abbé, me dit une voisine, la vieille Catherine est au logis, mais elle ne vous entend point; la pauvre âme prie pour ses chers morts... entrez, la vue d'un prêtre lui soulagera le cœur; elle oublie tout dans ses oraisons, et si nous ne portions sur sa table du pain et du lait, elle se laisserait mourir de faim.

Je levai le loquet d'une porte formée de deux volets et j'entrai.

J'aperçus alors, couchée à terre, les bras étendus en croix, une femme dont la voix, brisée par les pleurs, prononçait par intervalle :

— Ayez pitié d'eux, Seigneur, ayez pitié de lui !

Les sanglots entrecoupaient cette prière qui me rappela l'unique oraison adressée par Jésus à son Père irrité dont il ne pouvait fléchir la colère.

Je m'agenouillai près de Catherine, et quand elle reprit sa demande désolée, je répétai :

— Ayez pitié du coupable, ayez pitié de sa mère !

La pauvre femme m'entendit, se leva, et tournant vers moi son visage inondé de larmes :

— Qui êtes-vous? que voulez-vous? me demanda-t-elle.

— Je suis un prêtre..., répondis-je, et voici ma mère.

Catherine, la mère de douleurs, et ma mère à moi si heureuse dans sa tendresse se rapprochèrent.

— Pauvre femme, dis-je, je viens de la part de l'abbé Morieu.

— Vous avez vu mon malheureux enfant?

— Non, auparavant j'ai souhaité m'informer près de vous de son caractère, de ses défauts, des qualités que vous remarquiez en lui quand il était enfant.

— Qui aurait jamais dit que mon Julien serait le bourreau de la famille... Il était assez doux, et je ne l'ai jamais vu en colère que lorsqu'il s'agissait de me défendre. Son père était un peu brusque, un peu brutal même; eh bien! un jour Julien l'ayant vu me frapper saisit une fourche et s'élança sur lui... Je me jetai entre eux, aucun malheur n'arriva... mon mari mourut, ma fille venait de s'établir et mon gendre avait la direction de la ferme... Je lui laissais faire les marchés, passer les baux, vendre le bétail; Julien s'aperçut que son beau-frère ne prenait point mes intérêts; que les bêtes vendues n'étaient point remplacées; qu'on abattait du bois sans replanter; qu'on fatiguait la terre pour la faire produire; il m'en avertit, me conseillant de veiller désormais à ce qui se ferait à la maison. Julien n'avait pas tort. Mon gendre menait une conduite irrégulière, et peu lui importait de me ruiner, pourvu qu'il dépensât largement. Je confiai à Julien les intérêts dont son beau-frère s'était jusque-là occupé seul. La colère grondait dans le cœur de mon gendre. Plus d'une fois, Julien et lui se lancèrent des regards qui me firent trembler. Rentrant un soir et traversant la cour dans laquelle mon fils rangeait des outils, je l'entendis répéter à son beau-frère :

— Tu peux t'en prendre à moi, mais si tu touches à ma mère!

Julien m'aimait, oui, monsieur, j'en suis sûre! et une mère ne se trompe point dans ces choses-là !

Comment est arrivé le malheur, je l'ignore, j'étais absente... et quand je pénétrai dans cette chambre je vis le cadavre de mon gendre, celui de ma fille et de mon petit-fils...

Mon idée à moi, la voici : Julien avait touché pour moi de l'argent à la Morandière; il l'avait déposé dans l'armoire; cette somme était destinée à payer le terme de la Saint-Jean à notre maître, M. de Bre-

teuil, dont l'intendant fait les affaires. Ma fille me pria, au nom de son
mari, de lui prêter cent francs ; je refusai, lui donnant pour raison que je
devais acquitter mon fermage... Julien fut tourmenté par son beau-
frère pour la même chose. Il refusa de même. J'allai porter à dîner
aux métayers vers midi ; je crois que Julien rangeait du foin dans le
grenier ; mais sans doute, par la lucarne, il vit mon gendre entrer dans
la maison... Je vous dis ce qui a dû se passer, monsieur, et ce que je
m'explique parfaitement, quoique le malheureux se soit obstiné à se
taire... Nicol, armé d'un fort couteau avait fait sauter la serrure de
l'armoire, et déjà il s'emparait de la somme que je destinais à M. de
Breteuil, quand Julien voulut l'en empêcher... une lutte s'engagea
entre eux... Dans un angle de la chambre étaient des coins de fer qui
servent à fendre le bois... Armé de son couteau, Nicol blessa légèrement Julien, la colère s'empara de lui, il prit un coin de fer et brisa la
tête de son beau-frère... Sa sœur arrive aux cris de son mari, se pré-
cipite entre eux... Julien ne voyait plus rien... aveuglé par le sang,
par la fureur, il a frappé, toujours frappé, sans avoir conscience de ses
crimes, et le pauvre petit enfant qui se traînait près des cadavres est
tombé frappé comme eux... C'est horrible ! horrible ! ma fille, mon
gendre, mon petit-fils, tous ! et tués par qui, par Julien !...

La vieille Catherine s'arrêta, elle suffoquait.

— Sans doute, lui dis-je, le crime de Julien est monstrueux, mais
s'il eût raconté simplement devant la justice ce que vous venez de me
dire, on lui eût sans doute laissé le triste bénéfice des circonstances
atténuantes.

— Il s'est tu devant les juges, monsieur ; il n'a répondu aux sœurs
de charité, aux messieurs du tribunal, à l'abbé Morieu que par des
paroles impies qui ne témoignent ni regret ni foi ! Ah ! je suis bien à
plaindre, sans doute !... Me voilà, moi, vieille femme, sans soutien,
sans enfants... portant un nom déshonoré par celui qui devait soutenir
mes dernières années... mais ce n'est rien, non, rien ! en comparaison
de la douleur que je ressens au cœur en pensant que mon fils montera
sur l'échafaud sans demander pardon du scandale qu'il a donné, sans
implorer de Dieu pitié et miséricorde... et que, sur le chemin qui va
de la prison à la maison paternelle, il n'aura rien à dire à sa mère, ni à
la Vierge, ni au Sauveur qui lui pardonnera !.... Car vous ne savez peut-
être pas tout, monsieur..., c'est en face de ma maison que l'on doit...

Elle s'arrêta prise de frisson.

— Pauvre femme, lui dis-je, voulez-vous venir à Vannes avec ma
mère ?

Non! fit-elle en se redressant... le jour de sa mort, je placerai un crucifix devant cette fenêtre comme nous faisions jadis quand la procession de la Fête-Dieu passait, et que l'on arrangeait des reposoirs fleuris de bluets et de roses effeuillées... Je serai sur la porte, dans mes habits de deuil, et, quand le malheureux descendra de la charrette, il verra mes deux mains s'élever sur sa tête en signe de pardon...

La vieille fermière était sublime en ce moment. Ses yeux caves, rougis par les pleurs, sa figure jaunie, ridée, ascétique, respirait la générosité des martyrs qui souriaient sur le chevalet de la torture. J'insistai pour qu'elle nous suivît à Vannes.

— Il a refusé de me voir, dit-elle, il me trouvera à la fin de son calvaire, prête à essuyer la sueur et les larmes de son visage... Allez, monsieur! mon enfant est perdu! je ne vous demande que son âme.

A côté d'un livre de prières usé par des doigts pieux, j'aperçus un chapelet de bois noir orné d'un grand nombre de médailles de cuivre et d'argent.

— Sans doute, lui dis-je, Julien connaît ce chapelet?

— C'est le missel des ignorants, me répondit la fermière. S'il le connaît!... Ce chapelet vient de la Terre-Sainte... mon aïeul sauva jadis la vie d'une grande dame dont les ancêtres avaient été, dans les temps anciens, reprendre aux infidèles le tombeau sacré du Sauveur. La comtesse offrit pour remerciment à Prévu le chapelet béni à Jérusalem... C'est notre héritage d'honneur et de probité; nous nous le léguons dans la famille... et lorsque Julien était petit, je lui racontais les merveilleuses histoires et les légendes attachées à chaque médaille. Quelques-unes m'ont été données par des marins revenant des pays étrangers, d'autres viennent de Lyon et de Marseille où la Vierge Marie a des autels qui font rêver le paradis. . Oh! oui, Julien connaît ce chapelet! -

— Pouvez-vous me le confier? demandai-je.

— Prenez, me dit-elle.

— Je vous le rapporterai...

— Quand?

— Dans trois jours..., répondis-je à voix basse.

Elle répéta :

— Dans trois jours!

Puis après avoir baisé la main de ma mère, elle retomba sur ses genoux, étendit les bras en croix et reprit cette prière :

— Ayez pitié d'eux! Seigneur, ayez pitié de lui!

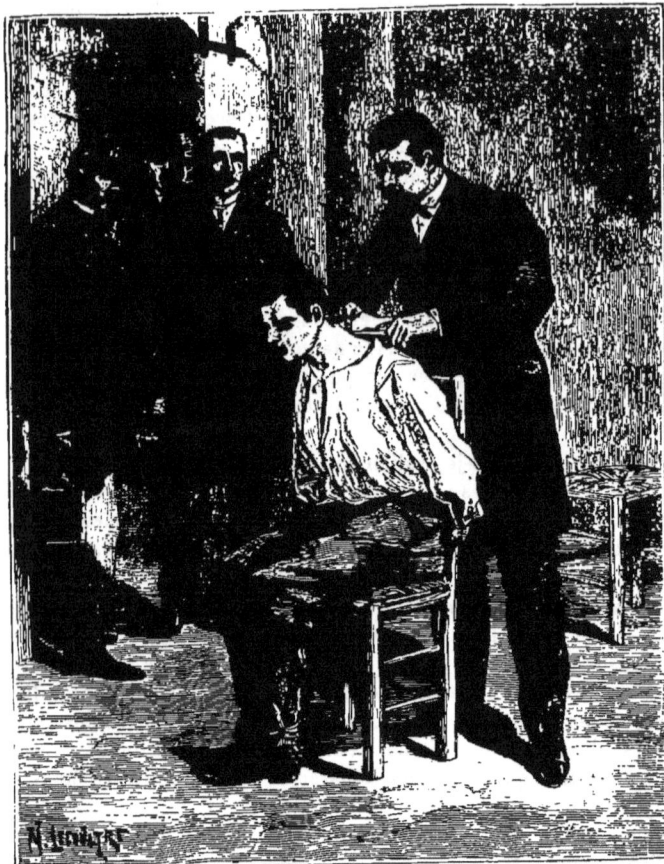

Il subit sans faiblir la toilette suprême (*Voir page* 136).

CHAPITRE XII

AU PIED DE L'ÉCHAFAUD

Quand je fus de retour auprès de l'abbé Morieu, je lui racontai la
pénible scène dont je venais d'être le témoin.

— Vous avez vu la mère du condamné? me dit-il; pauvre femme! Que vous a-t-elle appris?

— Que Julien l'aimait beaucoup. J'ai la certitude que les crimes épouvantables qu'il a commis ont eu d'abord pour cause le vol de son beau-frère. Julien était bon fils; la colère seule en a fait un assassin. Allons à la prison et gardez confiance. Tout n'est pas perdu dans une âme au fond de laquelle sommeille encore un bon sentiment.

— Partons, me dit mon ami.

Nous nous fîmes conduire au cachot du condamné. Il parut mécontent de nous voir.

— Julien, lui dit mon ami, vous avez un sursis de trois jours.

— Pourquoi faire? demanda-t-il en haussant les épaules.

— Pour vous repentir.

— Je recommencerais si j'étais encore au jour où j'ai tué.

— Et pourtant, dis-je avec calme, votre dévouement irréfléchi a compromis à jamais le bonheur de votre mère!

— Vous avez été à Binval, s'écria-t-il.

— J'en arrive.

Un silence suivit ces mots. J'ajoutai :

— J'ai vu Catherine.

Il tressaillit.

— Vous avez refusé à cette admirable et malheureuse mère l'entrée du cachot d'où vous ne sortirez que pour mourir. Elle avait bien le droit, pourtant, elle qui n'a plus de famille que les morts du cimetière, de presser dans ses bras son dernier enfant que la justice va lui enlever... Elle s'est résignée..., seule, enfermée dans une chambre où les traces de sang sont mal effacées, les bras étendus comme le Christ; jeûnant et pleurant, elle passe les nuits et les jours à attendre l'heure où vous lui direz : Viens! Maintenant elle n'espère plus!... votre cœur, qui fut tendre pour elle, s'est à jamais fermé..., vous n'aimez plus Dieu qu'elle vous apprit à connaître, vous ne l'aimez plus elle-même..., pauvre Catherine dont sept glaives déchirent le cœur!... Je viens, chargé près de vous d'un message suprême... Depuis de longues années, tous les agonisants de votre famille tiennent dans leurs mains un chapelet bénit.:., ce chapelet adoucit leur heure suprême, car sur chaque grain ils répètent : *Priez pour nous, maintenant et à l'heure de la mort...* Le voici!

Je tendis le chapelet à Julien ; ses bras, emprisonnés par la camisole de force, ne purent le saisir.

J'appelai le gardien chef.

— Je réponds du condamné, lui dis-je, veuillez lui faire enlever cette veste qui paralyse ses mouvements.

Julien sembla heureux de ce soulagement, mais il ne me remercia pas.

— Maintenant, lui dis-je, j'ai promis en votre nom, à Catherine, que vous réciteriez avec moi ce chapelet en entier..., elle ne vous demande pas d'autre souvenir..., le lui refuserez-vous?

Il se livrait un rude combat dans l'âme de Julien. Enfin, d'une voix rauque, il me répondit :

— Commencez, Monsieur.

L'abbé Morieu et moi nous nous agenouillâmes; le condamné demeura assis, roulant dans ses doigts les grains noirs du chapelet.

Je vous assure que c'était un spectacle bien fait pour impressionner des âmes chrétiennes que cette suprême tentative d'une mère se réfugiant dans la pensée de la tendresse de Marie pour les pécheurs, et attendant tout de cette invocation sublime : Sainte Marie, priez pour nous !

La récitation du chapelet s'avançait; bien des fois déjà, le salut de l'ange avait dépassé nos lèvres; nos voix se mouillaient de larmes; nous attendions l'effusion d'une grâce suprême, nos cœurs pénétrés du sentiment de la confiance, mais remplis d'angoisses, exhalaient à chaque mot de l'appel fait à la Vierge sainte des aspirations nouvelles. Nous avions la foi qui transporte les montagnes! nous avions la foi qui fait violence au ciel...

L'accent du condamné, d'abord sourd et rauque, était peu à peu devenu clair et distinct comme si le charme des paroles sacrées, dite tant de fois pendant son enfance, eût agis ur sa nature rebelle : *Je vous salue, Marie!* Quand il était tout petit, assis sur les genoux de sa mère, il avait lentement répété cette phrase en levant les yeux vers une statuette qui lui montrait une jeune femme et un tout petit enfant dont les mains tendues semblaient l'appeler et le bénir... *Je vous salue, Marie!* chaque fois que la cloche, soit à l'aurore ou à l'heure chaude de midi, ou quand tombait le crépuscule, lui avait rappelé l'*Angelus*, il l'avait pieusement récité ou dans son lit clos, ou au milieu des sillons, ou sur le chemin marqué d'une croix de pierre... Ces mots si simples renfermaient toute l'histoire du foyer de la famille... c'étaient les premiers qu'il eût appris, les derniers qu'on lui faisait dire, et la volonté de sa mère, cette mère bannie, méprisée, répudiée, était que, sur ce même rosaire tant de fois récité, il redît les mêmes mots à son our. .

Sa voix devint basse, tremblante, incertaine...

Il se laissa lentement glisser du banc de bois sur lequel il était assis, tomba sur un genou..., puis se prosternant, humilié, vaincu, la voix brisée, le cœur plein de sanglots, les yeux voilés par les pleurs et serrant convulsivement sur sa bouche le chapelet de la Terre-Sainte, il cria comme un appel en grâce, comme une adjuration suprême, ce mot qui résume toutes les faveurs pour l'agonisant :

— *Priz pour nous, maintenant et à l'heure de la mort...*

Le chapelet était fini.

Je me levai et serrant la main de l'abbé Morien :

— Dieu est entre vous, lui dis-je.

Julien se leva.

— Par pitié, monsieur, me dit-il, assistez-moi avec l'aumônier quand mon heure sera venue.

— Je vous le promets...

— Maintenant, dit-il à mon ami, je veux me confesser.

Je racontai à ma mère cette scène touchante. Pendant trois jours, je partageai les soins dont l'abbé Morien environna le condamné! Son repentir était sincère. Il accepta tout sans murmurer, attendit le bourreau sans angoisse, subit sans faiblesse la toilette suprême, se disposa à la mort et voulut la subir comme une juste expiation. Ainsi que nous le lui avions promis, nous fûmes deux à l'accompagner pendant le trajet de la prison au village. Julien ne cessait de réciter des actes de repentir; le chapelet était passé autour de son cou, il priait avec ferveur, et tous deux nous étions édifiés de ses regrets sincères. Échelonnés sur la route, des groupes de curieux attendaient la fatale charrette; l'attitude de Julien imposa le respect et le silence. Nous fîmes davantage, et pour associer ceux qui avaient voulu jouir de l'agonie d'un homme, aux invocations de sa dernière heure, nous récitâmes à haute voix les litanies tandis que la charrette roulait jusqu'à Binval.

Julien aperçut la guillotine.

Je suis content de mourir, me dit-il, je pense que le bon Dieu accepte mon expiation... J'aimais beaucoup ma mère, ajouta-t-il, et ma tendresse mal dirigée m'a entraîné... Vous lui direz que je la regrette, Monsieur l'abbé, vous lui direz qu'après Dieu, toute ma tendresse fut pour elle...

Il aperçut le clocher du village... On sonnait un glas...

— C'est ma mort qu'annoncent les cloches de la paroisse... Elles fêtèrent mon baptème, elles invitent à prier pour moi.

La maison de Catherine était maintenant visible.

Devant la blanche muraille était tendue une serge noire, sur un petit autel étincelait un crucifix de cuivre, entre deux chandelles allumées et deux gros bouquets de scabieuses : la fleur des veuves est la fleur du deuil. Sur la porte, debout, immobile, les yeux fixés sur la charrette qui s'avançait, se tenait Catherine, la mère de douleurs... Elle vit que je lui montrais le ciel, comprit qu'elle était exaucée, et fendant la foule, se glissant entre les gendarmes, elle s'écria :

— Messieurs les soldats, monsieur le bourreau, Julien va mourir... je vois le couteau, le glas tinte... Il se repent, il espère en Dieu, laissez-moi lui dire que je lui pardonne.

Devant cette grande douleur, les agents de l'autorité reculèrent.

Oui, dit Catherine, oui, mon Julien, tu n'es pour moi ni innocent, ni criminel, tu es mon fils... je suis ta mère... je t'aime toujours... meurs en homme... meurs en chrétien! ta mère t'assiste de ses prières, ta mère te bénit encore.

Le condamné s'agenouilla, le *De profundis* fut récité à haute voix, Julien ôta le chapelet de son cou et l'enlaça dans ses doigts.

— Vous viendrez le reprendre... Vous m'ensevelirez... balbutia-t-il.

— Oui! fit la mère...

Julien monta sur l'échafaud, demanda pardon à tous du scandale qu'avait causé son égarement, des crimes qu'il avait commis, puis se tournant vers moi :

— Je vais mourir, monsieur, et ceux que le bon Dieu rappelle voient quelquefois bien des choses... Sans vous, quelle que soit la bonté de M. l'aumônier, je serais mort dans l'impénitence; vous trouvez le joint du cœur... Vous avez ce qu'il faut pour les prisonniers et les maudits... Ah! donnez-leur votre vie! Vous me sauvez, vous en sauverez bien d'autres!... Ne pleurez pas, monsieur l'abbé!... ou plutôt, oui, pleurez! c'est par les larmes, par l'élan, par la pitié qu'on s'empare des âmes, quelque perverties qu'elles soient!...

Mon ami et moi nous l'embrassâmes... Le couperet tomba.

Une femme en deuil prit dans son tablier la tête coupée, s'agenouilla près du corps déshonoré, l'entoura d'un drap blanc, dénoua doucement les mains crispées qui serraient le chapelet et se dirigea vers le cimetière. Nous la suivîmes, et Julien fut enterré dans un coin obscur du champ de repos de Binval.

Les paroles de cet homme, le conseil qu'il m'avait donné du haut de l'instrument de supplice, la seconde vue dont je crois que les mourants sont parfois doués par le ciel, ont décidé de ma vocation. Désormais, je ne pouvais être qu'aumônier d'une prison ou d'un bagne... Je crus que les prisonniers, dont la plupart font un court séjour dans la maison de détention, étaient suffisamment guidés, éclairés, instruits par les aumôniers spéciaux... Le bagne m'attirait... le bagne d'où l'espérance semble bannie... le bagne qui renferme les damnés de ce monde... Je fis des démarches... l'abbé Legal venait de mourir, j'arrivai à Brest, et j'y ai trouvé tant de douleurs, de misères, de tortures que je bénis Dieu de la vocation spéciale qu'il m'avait fait connaître par la bouche de Julien.

Oui, monsieur, j'ai cru souvent, je crois encore que c'est ma vraie voie! comme le disait Julien dans son langage naïf, je trouve le *joint*, le côté vulnérable, sensible de ces hommes chez qui tout sentiment ne saurait s'éteindre... Je les attire presque infailliblement... Ceux qui me résistent, eh bien! je les remets encore entre les mains de Dieu!

— Vous avez raison! dit M. Monvel, c'est une vocation spéciale.

— Souvent, reprit l'abbé Pascal, je me suis entretenu de ces choses avec Cyrille de Breteuil, mon condisciple à Sainte-Anne. Il quitta l'humble séminaire de campagne pour Saint-Sulpice où il acheva ses études. Sa foi ardente, son courage, son enthousiasme le portaient vers les rivages lointains où n'a pas encore lui la lumière de la foi. Il était né missionnaire. Parti pour l'Amérique, il était revenu à Paris rapportant les cendres de son angélique sœur, Viatrice de Breteuil. Que de fois, entre les voyages du zélé propagateur de l'Évangile, nous sommes-nous entretenus de nos missions diverses. Il court visiter l'Indien naïf que gouverne la loi naturelle, il brave le climat neigeux du Kamschatka; sa course ne s'arrête que là où finit le monde habité... Moi, j'ai pour royaume l'enceinte d'une tanière dans laquelle les bêtes fauves de l'espèce humaine sont enfermées. Je rappelle peu à peu la foi, la charité, l'espérance dans les âmes. Je laboure cette terre inculte, j'arrache les plantes vénéneuses pour semer le bon grain, trop heureux quand le succès couronne mes efforts, quand le mourant presse la croix sur ses lèvres, quant l'agonisant avoue les crimes de sa vie! J'ai voulu me faire le Las-Casas du bagne! Il faut que la doctrine du Christ, qui a tant aimé les pécheurs, triomphe des natures les plus féroces. J'ai offert ma vie en sacrifice, pour mes malheureux enfants. Je voudrais être leur espérance, leur rédemption et leur salut! Le Sauveur qui a divinisé le pardon sur la terre; le Christ, qui a promis au pauvre déshérité des biens de ce monde sa part à côté de lui et presque une royauté dans le ciel, triomphera infailliblement, même dans ces sépulcres hideux. Il nous faut devenir les Fénélon, les Vincent de Paul de ces infortunés; le ciel aura pour nous des joies et des conso-

lations inappréciables, pour nous payer d'avoir rappelé des brebis
égarées au bercail du pasteur.

— Voilà, monsieur Monvel, l'histoire de ma vocation : l'appel for-
tuit d'un confrère, le mot d'un condamné à mort...

— Vous êtes un apôtre, dit le commissaire, ému.

— Vous devez être le législateur! répondit l'aumônier.

— Et?... demanda M. Monvel.

— Vous agissez parfois comme un code.

— J'ai cherché longtemps, continua l'abbé Pascal, s'il ne serait pas
possible d'organiser un système qui, en maintenant la répartition par
classe des condamnés, offrît en même temps des moyens d'assurer la
sûreté des bagnes, d'améliorer le moral des forçats, d'obtenir, par rapport aux différents travaux qu'on y exécute, les meilleurs résultats
possibles. J'ai cru voir qu'un des vices du régime ordinaire était le défaut d'organisation. En agissant sur des masses entre lesquelles
n'existe aucun lien, on rencontre constamment une force d'inertie qui
paralyse et fait avorter les plans les meilleurs. Les hommes n'y sont
point individualisés; aucune solidarité n'existe entre eux; l'action des
agents de surveillance ne pénètre point dans les masses et se trouve
arrêtée à la surface; l'emploi que l'on fait des condamnés manque d'ordre, de régularité, de continuité, de justice; il est préjudiciable aux
travaux exécutés comme à ceux qui les exécutent. La surveillance des
travaux et celle des forçats devrait être confiée aux mêmes agents.

— J'y réfléchirai, dit M. Monvel.

— Je créerais un bagne composé de quatre salles immenses, aérées,
dans lesquelles des conduits laisseraient passer sous les lits de camp
une eau courante qui entretiendrait la salubrité dans les dortoirs, et
concourrait avec de nombreuses fenêtres à purifier un air trop rare et
rendu pestilentiel par les exhalaisons et les miasmes qui s'y concentrent; dans chaque salle seraient disposés quatre bancs sur lesquels
prendraient place cent vingt à cent trente condamnés, mais espacés
de telle sorte que chaque forçat occupât seul l'étroite place qu'on lui
accorde pour la nuit. La chiourme serait divisée en deux catégories :
celle des condamnés à temps, celle des condamnés à perpétuité. La
première occuperait trois salles, la quatrième serait réservée aux
hommes de la seconde.

Les condamnés à temps seraient affectés aux travaux d'art et d'intelligence. Les travaux de force seraient réservés aux condamnés à
perpétuité. En outre, les condamnés à temps seraient classés par corps
d'état; ceux qui n'en ont point appris ou ont jadis exercé des profes-

sions inutiles aux travaux des ports, deviendraient apprentis dans une
proportion mesurée aux divers besoins des chantiers.

Les condamnés seraient eux-mêmes intéressés au bon ordre ; sur
dix hommes on choisirait un chef et un sous-chef ; deux escouades de
ce genre obéiraient à un caporal et prendraient le nom de brigade,
laquelle recevrait les ordres d'un sergent ; six brigades formeraient
une compagnie, un sous-adjudant serait à leur tête et gouvernerait un
des bancs ; le commandement de la salle entière serait confié à un
adjudant.

La moralité, la sûreté et le bon emploi du temps, dans les chantiers, seraient du ressort des adjudants, des sous-adjudants et des sergents.

Je passe sur l'organisation du détail.

Les forçats de chaque escouade seraient classés par rang d'âge : les
chefs et les sous-chefs sépareraient les compagnies en demi-escouades.
Pour la facilité du travail, les condamnés à temps porteraient la *chaussette* et une petite *manille* d'acier.

Je supprime l'accouplement, et j'en fais simplement un moyen de
correction.

— Je le souhaiterais aussi, dit le commissaire de marine, il achève
de pervertir les jeunes forçats.

— Le forçat qui se serait évadé reprendrait ses fers ; il en serait
ainsi des chefs ou des sous-chefs qui, ayant eu connaissance d'un
projet d'évasion, n'en auraient pas averti l'autorité.

— Le système intérieur du bagne étant moins rigoureux, dit Monvel, les évasions ne seraient pas aussi fréquentes.

— Je le crois, monsieur.

Le commissaire de marine écrivit une note en marge d'un cahier, et
l'aumônier reprit :

— Je supprimerais la double chaîne pour les incorrigibles ; mais
c'est à ces coupables, dont l'influence pernicieuse agit d'une façon dé-
plorable sur la masse des condamnés, que j'appliquerais la peine du
système cellulaire. A cet effet, je ferais construire un bâtiment renfer-
mant une cinquantaine de cellules, ayant chacune trois mètres de long
sur deux de large, et éclairées en haut par une fenêtre placée à deux
mètres au-dessus du sol. Ce bâtiment serait défendu par un double
entourage de chaînes. Je ne doute point que les effets produits par
un système moins sévère ne permissent bientôt de réduire considéra-
blement le nombre des gardiens.

Je souhaiterais qu'il existât peu ou plutôt point de rapports entre les individus condamnés à temps et les bonnets verts. On les supprimerait au chantier comme au bagne; il en serait de même à l'hôpital.

Remarquez, monsieur Monvel, que ces changements, loin d'augmenter les dépenses, ne tendent qu'à les diminuer.

Il est juste que la compensation des frais se trouve dans les travaux des condamnés, ou du moins, doit tendre à approcher le plus possible de ce résultat. Dans les ports, le galérien doit être considéré comme un ouvrier; chacun d'eux est tenu d'exécuter une tâche qui n'excède point ses forces, mais qui, en le préservant de la paresse augmente le salaire dont il dispose pour améliorer sa position, ainsi que la *masse* dans laquelle il trouve une ressource en quittant le bagne.

Pour cela, les forçats devraient être occupés aux mêmes chantiers, y arriver au son de la cloche qui appelle les autres ouvriers, ne pas le quitter avant eux; on devrait, autant que possible, et sauf les cas d'une surveillance spéciale, leur faire oublier, s'il est possible, qu'ils ne sont plus des galériens, mais des artisans.

— Ils s'évaderont davantage, dit Monvel.

— Ne le croyez pas; les condamnés à temps supportent assez patiemment leur peine, et nous avons parlé des mesures à prendre pour les récidivistes.

— Et le service journalier, comment le réglerez-vous?

— Je ne voudrais point que des hommes fussent spécialement affectés à cet emploi; les galériens de chaque escouade le rempliraient à tour de rôle.

— Cela éviterait des préférences, dit Monvel.

— Parlons des travaux, reprit l'abbé; beaucoup des condamnés travaillent à la journée?

— La plupart.

— Le calcul des bénéfices produits par l'emploi des forçats à la journée, est, vous le savez, un chiffre illusoire. Pourquoi ne travailleraient-ils pas tous à la tâche?

— Le mode de travail à la journée entraîne des abus, c'est vrai...

— Que ne compense aucun avantage. Dans l'intérêt de la justice, il est à souhaiter que ces malheureux reçoivent un salaire; mais il conviendrait d'établir des tarifs différents pour les deux catégories, et d'exercer sur la somme gagnée par les condamnés à temps une retenue destinée à leur être remboursée au moment de leur libération.

— On le fait déjà, monsieur l'abbé.

— Et, peut-être, bien des malheureux ont-ils dû à cette sage précaution de ne pas retomber dans le gouffre d'où ils sortaient. Je proposais seulement une réforme.

— Laquelle?

— Le paiement journalier de ce salaire. Vous simplifieriez aisément votre répartition grâce à mon système de brigade. Le paiement quotidien encouragerait le travailleur, chaque soir il pourrait se dire : Demain j'adoucirai mon sort. On solderait régulièrement aux adjudants des à compte réglés sur l'effectif des escouades qui rapporteraient la preuve qu'elles auraient exécuté les tâches imposées. Du reste, les métrés d'ouvrage pour arrêter le décompte de chaque escouade et de chaque condamné ne seraient faits qu'à la fin du mois.

— Une chose que je déplore, dit Monvel, c'est le mélange des ouvriers libres et des forçats dans les chantiers; le coupable y gagne rarement, l'honnête homme y perd presque toujours.

— Pemzek est une exception.

— Comme le pauvre Loïc, dit le commissaire.

— J'allais aborder cette question, monsieur; je ne voudrais, auprès des forçats, que des maîtres et des contre-maîtres pour les diriger.

— Jamais tous les résultats dont vous parlez ne seront obtenus ; ici nous n'avons point pour les bagnes un comité copié sur celui des prisons, chargé de proposer toutes les mesures qui paraîtraient propres à perfectionner le régime des chiourmes.

— Fondez-le!

— Qui nous secondera?

— Tout le monde! le clergé d'abord, les magistrats, l'autorité. Vous aurez à la tête de ce comité l'administrateur du bagne, le commissaire-rapporteur près des tribunaux de la marine, un membre du conseil de santé et quelques hommes dévoués à ceux qui souffrent, soit que la société les adopte, soit qu'elle les repousse de son sein.

J'arrive à un point plus difficile, je voudrais confier à des forçats la garde d'un certain nombre de forçats.

— Ceci est illusoire, mon cher abbé.

— Pourquoi? dans les colonies, des esclaves commandent à d'autres esclaves!

— Ce n'est pas la même chose.

— Je vous accorde que ceci présente des difficultés. Cependant, vous avez déjà des forçats chefs d'ouvrage, qui dirigent les travaux de leurs camarades et reçoivent une paie plus élevée.

— Comment, l'abbé, vous ne faites porter qu'une manille aux con-

damnés à temps, et vous croyez maintenir la sûreté des bagnes en
confiant à des condamnés la garde de leurs compagnons?

— Nous avons commencé par éloigner les hommes dangereux;
ceux-là nous les accouplons. Plus les autres jouiront d'une existence
supportable, moins ils auront le désir de s'évader; la crainte d'être
remis en couple agira d'une façon puissante.

— Il y a du bon dans ce que vous dites, monsieur Pascal, continuez.

— Je reprends, vous réduirez de beaucoup le nombre des forçats
travaillant dans les chantiers en employant plus de machines; de la
sorte, vous ne serez pas obligés d'employer un nombre d'hommes
plus élevé que celui dont se compose la seconde catégorie.

— Mais si vous faites des ouvriers des forçats, il faudra un apprentissage.

— J'y arrive. Faites faire aux condamnés non pas un apprentissage
machinal et d'imitation, mais un apprentissage raisonné, les pertes de
temps seront moindres,et les maîtres seront tenus d'enseigner avec plus
de méthode. J'en ai fait des ouvriers, ce n'est pas tout : dans chaque
salle serait établie une école. Tous les condamnés, même les condamnés à perpétuité, pourraient jouir des bienfaits de l'enseignement.

— Qui donnerait ces leçons?

— Moi, si vous le voulez! d'ailleurs, faites un appel à mes confrères,
et les membres de la société de saint Vincent de Paul accourront em-
pressés pour instruire ces malheureux. Fermez les prisons et les cachots du bagne, agrandissez la chapelle, rendez le travail facile, sup-
primez les chaînes, répandez les lumières de l'intelligence, brisez
l'anneau d'accouplement.

— Toujours votre système, monsieur Pascal, la charité.

— En connaissez-vous un autre?

— Oui, la terreur : on en a essayé.

— Quel profit en a-t-on retiré? Aucun. Je me fais fort d'amener à
moi les natures les plus endurcies en descendant jusqu'à elles...
Aimer, soutenir, consoler, c'est le remède unique, le seul, puisque le
divin Maître n'en a pas employé d'autre.

— Que diriez-vous, si de vos rêves je formais un mémoire?

— Je m'en réjouirais pour les malheureux!

L'abbé Pascal se leva.

— Il est tard, monsieur Monvel, je me retire, heureux d'avoir confié
à un homme digne de ce titre, ce que j'ai médité au pied de la croix...
je n'ai point tout dit encore... ces misérables passent quelquefois
dix ans, vingt ans, sans qu'une toile rafraîchissante approche de leurs

membres. Il leur faudrait un matelas, le varech n'est ni rare ni cher sur nos côtes; des couvertures assez grandes et assez épaisses pour les garantir du froid, enfin le droit d'ôter leurs vêtements sinistres! la nuit, la nuit pour ces malheureux n'est souvent qu'une nouvelle torture!... Oh! quand je pense à ces choses, monsieur Monvel, j e me dis que ma place n'est point dans la chambre que j'habite, que je devrais être près d'eux, dans la même salle, roulé dans un capot, prêt à courir à leur appel, et partageant du moins l'une de leurs plus grandes souffrances.

— Grand cœur! fit Monvel en prenant les mains de l'abbé, si vous pouviez, comme Vincent de Paul, vous charger des fers de l'un d'eux, il y a longtemps que vous auriez la vareuse.

— C'est vrai! répondit l'aumônier.

— Qui les consolerait alors?

— Un autre prêtre, nous avons tous le même Maître!

— Avant que vous partiez, dit le commissaire de marine, je veux vous lire la lettre que je reçois du ministre.

Cette dépêche donnait ordre à M. Monvel d'annoncer à Aulaire de Rédan que les révélations de son frère ayant éclairé la justice, les portes du bagne s'ouvraient devant lui ; qu'il rentrait en possession de son nom et de sa fortune, et que, le premier, il se plaisait à rendre hommage à la rare vertu dont il avait donné l'exemple même au fond de cet abîme de douleurs.

— C'est pour demain, dit le commissaire

— Bleu-de-Ciel regrettera le bagne.

— Vous croyez?

— J'en suis sûr : cet homme est un apôtre! n'a-t-il point caché aujourd'hui ses opinions quand j'ai effleuré la question de la liberté? Lui ouvrir les portes, c'est lui donner le coup de la mort.

— Depuis cinquante ans! dit Monvel, il s'est habitué même à ses fers... Pourtant cet homme ne peut rester ici! c'est un héros, un saint! je le vénère et je l'admire, mais l'heure de le dire devant tous est arrivée... A demain, monsieur l'abbé; vous me rejoindrez à deux heures.

L'aumônier sortit, et le commissaire de marine, reprenant sa plume laborieuse, commença un long mémoire composé d'après les projets de l'abbé Pascal.

227

Aux colonies, il facilite souvent l'œuvre du missionnaire (*Voir page* 147).

XIII

UNE VISITE AU BAGNE

L'abbé Pascal se levait avec le jour.
Après une prière brûlante sortie d'un cœur plein de charité, il re-

posait son âme attristée par les douleurs qui l'entouraient dans l'oraison pure, élevée, sereine, où le vol de sa pensée s'élevait jusqu'au trône de Dieu. Son âme, ascétique et contemplative, se pliait pourtant à l'activité afin de consoler les autres. Les nuits de l'abbé Pascal étaient celles d'un chartreux, ses jours ressemblaient à ceux de Vincent de Paul. Lorsque la lecture des offices de l'église et de la méditation avaient resserré encore son intime union avec Dieu, quand il s'était élevé aux sublimes hauteurs de la contemplation dont parle le chancelier Gerson dans ses admirables manuscrits, il se rendait à la chapelle, officiait avec la dignité d'un apôtre et la ferveur d'un ange, rentrait chez lui, s'asseyait devant une table frugale comme celle d'Emmaüs, puis compulsant des mémoires, étudiant les auteurs, comparant les codes, les législations, il tirait de son travail de nouveaux aperçus qui, tous, avaient pour but unique le soulagement physique et l'amélioration morale de ses chers prisonniers. Il faisait plus : il préparait pour eux la parole évangélique, et n'oubliait pas même que, pendant leurs rares récréations, ces malheureux regardaient comme un appréciable bonheur de lire les pages écrites pour les distraire.

Il était encore de bonne heure quand la servante introduisit des visiteurs.

L'aumônier se leva et fixa sur le prêtre, qui s'avançait, un regard avide; il connaissait bien ce visage austère et grave, ces yeux dont la douceur tempérait l'éclat; mais le nom qu'il cherchait ne venait point sur ses lèvres, il semblait ne voir qu'une ombre de l'ami qu'il avait connu.

— Serais-je changé à ce point que vous ne me reconnaissiez pas, Pascal?

— Cyrille de Breteuil! s'écria l'aumônier en serrant le missionnaire dans ses bras.

Celui qui, pendant trois années avait erré dans les solitudes de l'Amérique, au milieu de la tribu des Serpents; celui qui avait ramené en France les restes mortels de sa sœur n'était plus, en effet, le jeune prêtre d'autrefois; sur ses tempes les cheveux s'argentaient, les yeux s'entouraient d'un cercle de bistre, le visage prenait cette expression sublime que communiquent la prière, l'austérité et d'innombrables fatigues. Mais la voix était restée pure, sonore, telle que Pascal l'avait toujours entendue, et le son de cette voix amie lui fit retrouver le nom de Cyrille.

Après le premier mouvement d'effusion, l'abbé de Breteuil, avec un geste circulaire, présenta à son ancien condisciple les amis qui l'accompagnaient :

— M. Pradère, capitaine du *Druide*, qui s'abîma dans les flots malgré l'habileté du chef et le courage des marins.

— Un héros de bonne trempe, alors! fit avec bonne humeur l'abbé Pascal, qui s'inclina vers le brave officier.

Le capitaine, mis en confiance, tendit la main à l'aumônier avec une cordialité vraie.

— Madame Marguery Pradère, sa femme, qui fut d'un si grand secours dans nos missions, et partagea avec ma sœur les fatigues d'un apostolat difficile.

La jeune femme rougit de cette louange et répondit modestement à l'aumônier :

— J'ai fait bien peu de choses, monsieur, et si l'abbé de Breteuil voulait tout dire, vous comprendriez que jamais nous ne saurions assez le bénir.

— Laissez-moi vous nommer encore M. Silvère, un peintre de valeur qui, aux colonies, facilite souvent l'œuvre du missionnaire avec le concours de son pinceau; si mon éloquence vient à faiblir, je fais donner sa palette irrésistible. Maintenant, n'oublions pas ceux qui restent en arrière : Jacques, Risque-Tout, deux matelots de cœur, de vrais gens de mer, et Ivon le pauvre mousse qui faillit partager mon bûcher. Nous venons bien matin, mon ami, mais nos heures sont comptées. Le capitaine Pradère et sa femme désirent visiter le bagne que vous évangélisez; j'ai trois jours de vacances avant mon embarquement, j'ai voulu voir si les malheureux enfermés ici étaient plus difficiles à convaincre et à convertir que mes pauvres enfants dés forêts, et nous venons vers vous. Ce fut un ange qui fit traverser à Pierre les sombres détours d'une prison.

— Venez, madame, venez, ami, répondit l'aumônier, et vous, messieurs, attendez-vous à voir un triste spectacle : l'homme chargé de chaînes semble effrayant comme la bête fauve que l'on jette dans une cage de fer.

Guidés par l'abbé Pascal, les visiteurs parcoururent longuement les salles, les ateliers, l'infirmerie et les cours. A chaque pas, une impression pénible venait serrer leur cœur. Les forçats qu'ils voyaient sentaient que leurs âmes s'ouvraient à une compassion émue, il les en remerciaient par un salut humble, un regard adouci, un mot de reconnaissance.

Les bons mathurins Jacques et Risque-Tout se révoltaient à chaque pas.

— Tonnerre à la voile! grommelait Jacques, affaler des hommes dans une pareille cale, c'est à avaler sa gaffe pour avoir plus vite paré la coque.

— Ils se plaignent de la soute au charbon, les tribordais et les babordais, c'est doux comme une dunette, en comparaison! J'aimerais mieux boire du vin de canard jusqu'à la fin de mes jours, et même mourir de faim sur un pont que de vivre tant seulement une annéo avec cette chaîne d'ancrage.

Ivon avait des larmes dans les yeux.

— Vieux, dit Jacques à un forçat qui ôtait lentement son bonnet vert, pour combien de temps es-tu ici?

— Pour la vie..., répondit le misérable.

— Ce n'est pas une raison pour se passer d'une chique, dit le rude matelot. Il tira de ses poches environ une demi-carotte de tabac et la donna au galérien.

— Sabord d'enfer! grommela Jacques, ne plus garder l'idée qu'on reverra sa vieille mère et qu'on accostera la maison où l'on courait quand on était haut comme une cage à poules! courage, vieux! avez-vous des amis, au moins?

— Oui, répondit le forçat, le cœur s'attache toujours à quelqu'un : entre malheureux on s'aide.

— Comme qui dirait, vous êtes vraisemblablement des *matelots*, à ce qu'il paraît?

— Oui, puisque matelots veut dire amis!

Risque-Tout vida sa bourse dans les mains d'un autre galérien, et Ivon après avoir tout donné se glissa près de la jeune femme du capitaine.

— Oh! madame Marguery! dit-il d'une voix pleine de larmes, ces gens sont bien plus malheureux que nous chez les sauvages... le capitaine m'a dit qu'il m'augmentait, voulez-vous m'avancer deux mois de ma paie?...

— Ivon, dit Mme Pradère, profondément remuée, ta paie était pour ta mère...

— Ma *délègue* est pour elle, oui, madame! mais si elle était ici, elle serait la première à me crier : Donne, Ivon, cela nous portera bonheur à tous!

La jeune femme regarda le mousse dont les yeux brillaient d'attendrissement :

— Prends ces pièces d'or, dit-elle en lui tendant quelques napoléons, ce n'est point la paie du capitaine, c'est un léger cadeau: disposes-en, Ivon, nous avons assez souffert sur le radeau pour être accessibles à la pitié.

Silvère, épris de la scène à faire, étudiait les physionomies des hommes qui posaient devant lui.

Les uns, et c'étaient surtout les plus criminels, posaient hardiment sur le piédestal de leur crime. Quelques uns semblaient honteux et craintifs, ils se cachaient derrière les groupes de leurs camarades plus endurcis, qui ne savaient pas rougir.

D'autres l'abordaient pour essayer de lui raconter *leur affaire* : presque tous se plaignaient d'une erreur de la justice. Doit-on voir, dans l'empressement des condamnés à se disculper du crime pour lequel ils sont punis, le reste d'une pudeur qui leur fait souhaiter que l'on croie à leur innocence? Rendent-ils ainsi un involontaire et instinctif hommage à la vertu qu'ils ont outragée? Toujours est-il que ce fait se constate fréquemment dans tous les lieux de détention.

Le dauphin, fils de Louis XV, visitant le bagne de Brest, se vit entouré de galériens qui, tous, protestaient de leur innocence. Apercevant un malheureux qui se tenait à l'écart, le prince l'appela d'un geste, et lui demanda :

— Pourquoi êtes-vous ici?

— Sire, répondit le malheureux en versant des larmes, j'ai oublié les lois de l'honneur dans un moment d'entraînement, j'expie justement ma faute.

Le prince, dont la vivacité d'esprit s'alliait toujours à une générosité magnifique, se tourna du côté des administrateurs :

— Messieurs, dit-il, je ne me suis trouvé jusqu'à ce moment qu'au milieu de gens honnêtes... celui-ci m'avoue avoir perdu ses droits à la liberté... Je ne veux pas qu'un seul coupable puisse démoraliser tant d'hommes vertueux... Je fais grâce pleine et entière!

Tantôt l'artiste, qui à grands traits esquissait des types sur son album, se trouvait en face d'une tête déprimée, au cervelet énorme, et dont le développement des lobes moyens était effrayant. L'animalité dominait dans quelques-unes de ces figures, et souvent aucune influence salutaire ne balançait les mauvais penchants, et ne venait lutter contre le désir d'avoir la fermeté, la circonspection qui portaient cet homme au vol.

L'idiotisme dominait sur certaines figures; d'autres, mobiles, expressives n'avaient pas perdu leur caractère intelligent et conservaient encore un masque d'humanité. L'album de Silvère se remplissait, sa bourse était vide, il sacrifia même ses cigares. Marguery désirait

voir les travaux ingénieux des condamnés ; l'aumônier la guida dans
une vaste cour, à l'heure où les forçats pouvaient employer une heure
dont le profit était pour eux.

Un sentiment de bienfaisance a porté le gouvernement à accorder
un salaire aux ouvriers travailleurs. On leur donne des vivres en
quantité suffisante, une ration de vin leur est régulièrement distribuée ;
mais le condamné qui ne va pas à la fatigue, celui que retient la double chaîne, le convalescent, l'infirme, l'invalide seraient réduits à une
nourriture presque insuffisante, si une industrie appropriée ne venait
à leur secours.

A certaines heures, tandis que les forçats valides sont à l'ouvrage
dans le port, les salles et les cours du bagne se transforment simul-
tanément en ateliers.

Là, chacun se livre à des travaux dont le besoin lui fait deviner la
règle et le secret. Celui-ci tresse du crin dont il fait des chaînes d'un
travail exquis, à rendre jaloux les artistes dont les bijoux en cheveux
ont une si grande vogue.

Sous les doigts d'un autre la paille revêt mille formes variées ; elle
devient corbeille, coffret élégant, étui, portefeuille ; œuvre d'art ou
objet utile.

La noix de cocotier, dépouillée de sa bourre, d'abord polie, puis ciselée, devient quelquefois un véritable chef-d'œuvre d'un prix ines-
timable. Autour de cette coupe se déroule tantôt une farandole
joyeuse, tantôt le drame tumultueux d'une bataille ; une légende pieuse
ou rustique revit même quelquefois en puissants reliefs, sur ce morceau d'écorce inerte.

Le bois de gaïac aux nuances rougeâtres s'arrondit harmonieusement
en boîtes.

Et, contraste frappant avec ces émotions terribles qui doivent sour-
dement agiter l'homme du bagne, presque tous les objets qui sortent
de leurs mains criminelles sont gravés, ou en reliefs, de doux emblèmes
de bonheur : ce sont des luths et des palettes liés par de poétiques lé
gendes, des tourterelles nichées sous les fleurs, des trophées de chasse
et des emblèmes de victoire. Peut-être, tandis que leur burin grave
ces sujets belliqueux ou tendres, les malheureux se font-ils illusion
pour un instant et oublient-ils, emportés pour une heure dans le
domaine des rêves, qu'ils ont perdu la liberté et presque l'espérance !

D'autres cisèlent des coupes et des bénitiers ; les plus habiles sculptent des christs d'ivoire et des vierges, des saints, même des chemins
de croix entiers.

Beaucoup exécutent en petit des navires en miniature qui sont de véritables merveilles d'invention et de patience.

Marguery remarqua un jeune homme qui attachait un dernier câble à un vaisseau à trois ponts, objet de deux années d'un travail persévérant et d'une difficulté inouïe.

— Le joli navire, dit-elle à son mari.

Le capitaine comprit et, tendant dix louis au condamné, il offrit le vaisseau à sa femme.

Qui pourrait, qui devrait être assez cruel pour marchander un objet au bagne! Le malheureux qui a soif et faim le donnera à vil prix. Les occasions de vente sont si rares, les besoins de l'ouvrier se renouvellent si souvent! Oh vous! qui allez à Brest, à Toulon ou à Rochefort, achetez, achetez beaucoup! achetez cher, achetez à tous! vous ferez une belle et sainte aumône... La prière que vous direz devant le christ ciselé par un forçat aura tout le parfum de la pitié; l'eau sainte que vous puiserez dans le bénitier sculpté par un malheureux vous purifiera deux fois!

Silvère s'était littéralement dépouillé. Il s'approcha d'un condamné qui sculptait un bas-relief fort remarquable, et demeura surpris de lui voir des outils si insuffisants.

— Comment, avec des moyens si limités, pouvez-vous atteindre de si beaux résultats? Que feriez-vous donc si vous disposiez de tout l'attirail nécessaire à un artiste!...

— C'est le règlement, monsieur, dit le forçat; nous n'avons pour exécuter ces objets que de très petits burins, et quelquefois des morceaux de verre. Souvent nous aurions besoin d'équerre, de compas, de vilebrequin, d'emporte-pièce, de tout ce qui donne de la régularité au travail; impossible! le règlement est là. De crainte d'évasion, on nous enlève les outils; il faut avouer pourtant que sous l'administration de M. Monvel on se relâche de cette sévérité, et que bien des facilités nous sont accordées sous ce rapport, grâce aux démarches incessantes de notre bon aumônier.

— Mais vous êtes habile, dit Silvère, et plus que vos camarades vous possédez le sentiment artistique.

— Je devais me vouer à la gravure sur bois, monsieur, dit le galérien avec effort.

— Tenez, dit Silvère, je suis fort malheureux maintenant, j'ai vidé mes poches et ma bourse; nos amis sont dans le même cas... et j'aurais voulu cependant vous laisser un souvenir de mon admiration pour vos œuvres.

Une idée traversa le cerveau du sculpteur; il aperçut de la terre glaise dans un angle de la cour, et tandis que Marguery et Pradère causaient avec quelques prisonniers, et que les deux prêtres les consolaient par les plus douces paroles, Silvère, posant sa terre sur un banc et modelant avec une incroyable ardeur, forma en quelques minutes une statuette ravissante de sentiment et de forme. Elle représentait la Pitié.

Les galériens s'étaient lentement groupés autour du statuaire, ils le regardaient avec des yeux intelligents et avides, comme des élèves suivent les leçons d'un maître; et lorsque l'artiste eut achevé et que, sur le rocher qui servait de base à sa statuette, il eut gravé le nom de Silvère, il remit la maquette au jeune graveur.

— Voilà tout ce que je puis faire, dit-il; quand vous sortirez, venez me voir, mon atelier vous sera ouvert.

Le jeune homme, touché de ce présent artistique et du symbole qu'il renfermait, échangea une coupe contre la statuette, que deux jours après le commissaire de marine offrit de payer magnifiquement.

— Monsieur Monvel, dit le graveur, cette statuette n'est pas une aumône, mais une preuve du plus touchant intérêt. Cette figure de la Pitié me dit que quelqu'un me plaint encore et me parle d'espérance... ç'en est assez pour me donner le courage de supporter deux années de douleur.

La plupart des ouvrages des forçats, tels que les coupes, les vases de coco, sont enrichis d'ornements en or; ce métal n'étant point contrôlé excite souvent la défiance des acheteurs; et cependant on n'a pas encore d'exemple qu'un condamné se soit rendu coupable d'une duperie en ce genre. Les bijoux qu'il vend sont en or d'un bon titre, on peut les acheter sans crainte.

Ces divers travaux sont un double allégement à leurs douleurs. Le forçat laborieux traverse souvent des semaines, des mois, sans s'apercevoir des rigueurs du bagne; il n'a pas le temps de devenir coupable; il ne songe point à commettre des fautes qui attireraient sur lui de nouveaux châtiments. Son sommeil est plus doux, sa journée plus tranquille. Son visage, son attitude même ne ressemblent point à la physionomie du forçat paresseux. Il a plutôt l'air d'un ouvrier paisible dans l'atelier de son maître; son regard s'empreint de sérénité, il répond avec douceur aux paroles que vous lui adressez. Sous sa main laborieuse, le coco d'arbre ou de mer devient une pensée, et cette pensée le soutient et le console. Rien ne saurait prouver, mieux que ces exemples, la sainteté du travail qui punit et sauve à la fois le genre

humain coupable! Nous avons une preuve de l'influence salutaire
qu'exerce le travail sur le moral des condamnés en feuilletant les
mémoires de l'infortuné baron de Trenk. Laissons-le nous raconter
lui-même l'épisode des gobelets d'étain, tandis qu'il gémissait en Autriche dans un horrible cachot :

« C'est à cette époque, dit-il, qu'avec un clou tiré du plancher, je
commençai sur mon gobelet d'étain à dessiner, à écrire des satires et
même à graver des sujets. Mes progrès dans cet art furent si rapides
que ces gobelets gravés furent regardés comme des choses de prix. On
les vendait aussi cher que des chefs-d'œuvre de dessin et d'invention
sortis de la main des meilleurs maîtres.

« Mon premier essai fut, à la vérité, très imparfait ; cependant, le com-
mandant le montra, le répandit dans la ville, et me fit remettre un second
gobelet pour le graver. Celui-ci me réussit mieux encore que l'autre.
Alors tous les majors qui me gardaient voulurent avoir un de mes gobelets. Une année, pendant laquelle je me perfectionnai dans ce travail,
s'écoula avec la rapidité d'un mois, et cette occupation me valut même,
à la fin, la permission de brûler de la chandelle, ce qui me fut accordé
sans interruption aucune jusqu'au moment où je recouvrai ma liberté.

« Il était ordonné que tous ces gobelets passeraient par les mains du
gouverneur, afin de prendre connaissance de ce que j'écrivais dessus,
ou de ce que j'y traçais par des emblèmes pour instruire de mon sort.
Cet ordre n'eut pas d'exécution, et les officiers qui me gardaient les com-
mercèrent. Il y en eut même de vendus jusqu'à douze ducats, et le prix,
après ma délivrance, en monta si haut, qu'aujourd'hui on en peut trouver
encore dans les plus riches cabinets des curieux de l'Europe. Il y a douze
ans que le feu landgrave de Hesse en donna un à sa femme, comme pour
l'engager à n'oublier jamais les maux que j'ai soufferts. J'en ai trouvé
un autre à Paris, qu'on était parvenu à se procurer d'une façon assez
singulière. On le tenait de la feue reine. Je les ai copiés tous deux fidèlement, avec les symboles et les inscriptions qui s'y trouvent. Comme
dans plusieurs endroits de ce livre il est question de mes gobelets gra
vés en étain, je crois qu'il est convenable de leur donner ici la descrip-
tion exacte d'un de ces mêmes gobelets. Je l'ai eu l'année dernière
entre les mains ; il a été gravé pour Sa Majesté la reine de Prusse, actuellement douairière. »

Après avoir cité les nombreuses inscriptions gravées sur ce chef-
d'œuvre de patience, le baron de Trenk reprend la suite de son récit :

« Il paraîtra incroyable que j'aie pu graver tout cela sur un gobelet
d'étain de huit pouces de hauteur sur trois de diamètre ; mais comme

j'en ai gravé plusieurs qui sont actuellement dispersés dans différents pays, j'en réclame le témoignage de ceux qui en possèdent. J'en ai un que le landgrave de Hesse a donné à ma femme ; il contient au moins trente emblèmes semblables en différentes langues. Je n'avais jamais appris à graver, il est donc certain que les premiers que j'ai faits ne sont point comparables à celui que j'ai copié fidèlement. Je n'avais d'ailleurs qu'un clou tiré d'une planche. Quand j'eus obtenu ma liberté, j'achetai les instruments nécessaires pour en graver un pareil, en mémoire de ceux que j'avais faits en prison ; mais, peine inutile! je ne pouvais graver qu'avec mon clou, et il était resté dans mon cachot. Celui-ci est le dernier auquel j'ai travaillé, c'est par conséquent le plus parfait en dessins, le plus beau et le plus intéressant.

« L'histoire de mes gobelets est certainement faite pour exciter l'admiration. Sous peine de mort, il était expressément défendu de me parler, de me donner ni plume ni encre, et cependant tout ce qu'il m'était intéressant de faire connaître, je surpris, sans qu'on s'en aperçût, la permission de le graver sur l'étain. Par ce moyen et par celui des mauvais vers qui accompagnaient mes emblèmes, j'inspirai cet intérêt qui résulte toujours du malheur, quand il est une suite de l'oppression. Par mes gobelets, j'acquis des amis et de l'estime ; c'est à cette invention que je dois, en grande partie, ma liberté.

« Je dois faire une observation encore, elle ne peut qu'ajouter au prix de mon travail. Je gravais à la lumière sur un étain éblouissant ; à force d'exercice, je trouvai l'art de distinguer le clair et les ombres dans mes petits tableaux. Je divisai si bien les cadres des trente-deux dessins, qu'on aurait cru que ma division était faite au compas. Mes légendes étaient écrites d'un caractère si fin, qu'on ne les pouvait lire qu'avec le secours d'un microscope. Comme il fallait que je travaillasse avec les deux mains attachées à une barre (Trenck était enchaîné avec la plus grande barbarie), et que je ne pouvais me servir que d'une à la fois, je m'habituai à tenir mon gobelet avec les deux genoux. Le seul instrument que j'eusse était, comme je l'ai dit, un petit clou aiguisé, ce qui ne m'empêcha pas de faire quelquefois de doubles lignes d'écriture sur le bord.

« Si j'avais continué ce travail, il aurait fini par me rendre fou ou aveugle. Cependant, pour satisfaire la curiosité et les désirs de plusieurs personnes, je travaillai régulièrement dix-huit heures par jour. L'invention me donnait des difficultés incroyables, parce que je n'avais jamais appris que le dessin relatif à l'architecture civile et militaire. La réflexion de la lumière me causait une fatigue insupportable. Je ne parlerai pas davantage de ces gobelets qui me firent souvent oublier ma douleur, et qui me devinrent d'une grande utilité... »

Comme l'infortuné baron de Trenck, tous les captifs qui cherchent un soulagement dans le travail ne manquent pas de le trouver. A côté des ouvriers se tenaient des forçats que réunissait la récréation ; les dominos, les dames, les cartes, passaient joyeusement de mains en mains. D'autres lisaient...

L'un deux, entouré d'un auditoire nombreux et attentif, lisait à haute voix le dernier cahier écrit par l'aumônier pendant ses veilles laborieuses.

Il se terminait par ces consolantes paroles :

« Puissent ces lignes, que nous avons tracées pour eux, aller les trouver dans leur asile de misère et leur porter la pitié d'une âme sensible à leurs maux ! Qu'un jour ces pages, écrites avec une émotion sincère, tombent sous leurs yeux ; que leurs regards se voilent de larmes, et celle qui tombera sur une des pages du *Livre des prisonniers* compensera amplement notre labeur et nos peines !... »

Non loin de ceux qui lisaient isolément ou se groupaient pour écouter un camarade plus instruit, se tenaient ceux qui occupaient leurs loisirs en cultivant les arts libéraux ; plusieurs peignaient, d'autres faisaient de la musique ; il y en avaient qui rédigeaient leurs mémoires...

Les condamnés avaient suivi des yeux le groupe des visiteurs. La consolation, l'aumône étaient tombées de leur main généreuse et de leur âme compatissante ; les misérables se sentaient comme purifiés par la présence du missionnaire de la Floride, de Marguery, du capitaine et des fidèles matelots.

L'un d'eux fit un signe à ses camarades et, une seconde après, les musiciens du préau jouèrent avec ensemble deux morceaux composés par un condamné.

Ils ne pouvaient rien offrir de plus... ils le donnaient de tout leur souffle, de toute leur âme !

La lecture, les travaux et les jeux furent suspendus pendant le concert ; leur physionomie reflétait un plaisir extrême ; quelques-uns battaient la mesure, d'autres de la tête rythmaient le mouvement ; les yeux des forçats étaient dirigés vers les étrangers, les gardiens eux-mêmes semblaient surpris de cette scène inattendue et de cette soudaine ovation. L'harmonie a sur les hommes une influence énorme, et l'on pourrait comme récréation introduire dans les bagnes une école de musique vocale qui, avec quelques instruments, exercerait une heureuse influence sur les mœurs des condamnés. Il serait facile de composer des paroles contenant des maximes morales, appropriées au caractère et à la position des galériens qui, ornées d'une mélodie facile et simple, les distrairaient et les adouciraient.

Quelle noble tâche ce serait pour l'artiste, pour le poète, pour le romancier de consacrer leurs travaux à ces malheureux dont le monde se préoccupe trop peu !

Voilà les propos qu'échangeaient alternativement les deux prêtres ; puis revenant aux choses plus immédiates de leur ministère, ils parlaient de leur double mission, ils se racontaient les péripéties du double drame que voient se dérouler les forêts vierges et les bagnes !

Tous deux, unis dans la même pensée, puisaient dans l'âme l'un de l'autre un héroïque courage.

L'heure s'avançait ; la visite au bagne était finie ; les étrangers étaient sur le point de s'éloigner, quand M. Monvel s'avançant vers eux :

— Vous êtes les amis de l'abbé Pascal, dit-il avec courtoisie, je viens vous prier d'assister non plus à une scène douloureuse qui vous montrera les plaies morales de la société, mais à une réhabilitation couronnant une vie d'immolation et de sacrifice ! Vous avez vu le côté affligeant de cette demeure, suivez-nous dans une salle où vous serez témoins d'une réparation éclatante. Le bagne a des abîmes profonds, mais quelquefois aussi de sublimes sommets !

Les hommes admireront, Dieu récompensera.

Les amis de l'aumônier s'inclinèrent en signe d'acquiescement.

M. Monvel offrit son bras à Marguery, et les visiteurs le suivirent à l'infirmerie.

Un moment après le tambour battait, et toutes les autorités de Brest faisaient leur entrée au bagne. Quelque chose d'inusité, d'inouï allait s'y passer...

Monsieur, dit-elle, quelqu'un demande à vous parler (*Voir page* 163).

CHAPITRE XIV

LA FIN D'UN INNOCENT

Un grand mouvement se fit dans l'infirmerie ; les *servants* se rangèrent au fond de la salle, et Loïc annonça à ses camarades :

— Monsieur Monvel, l'abbé Pascal, le sous-préfet... Que va-t-il se passer ici?

Le missionnaire, l'aumônier, le capitaine, ses amis et les matelots prirent place près du lit de Bleu-de-Ciel; les convalescents se rapprochèrent. Aulaire s'était soulevé pour saluer le commissaire de marine, les douleurs aiguës dont il souffrait depuis deux jours le firent retomber sur sa mince couchette.

Maurice Pesas se mit au premier rang, M. Monvel et le sous-préfet s'approchèrent de son lit, le forçat jeta un regard triste, presque un regard de reproche sur l'abbé Pascal.

— Vous vous nommez Aulaire de Rédan? demanda le commissaire de marine d'une voix bienveillante.

— Monsieur, répondit le galérien, il y a plus d'un demi-siècle on m'appelait ainsi... Depuis cette époque je suis un *numéro*... le 1580... rien de plus!

— Aulaire, pourquoi dissimuler encore? ce que vous avez souffert ne fut ni le résultat d'une faute, ni même d'une imprudence... Votre secret ne vous appartient plus...

— Monsieur, fit le galérien en joignant ses mains décharnées et que l'émotion faisait trembler... Par pitié, pas un mot de plus... Ma tâche est finie et ma vie s'éteint... Je n'ai plus de voix et un dernier souffle atteste que je respire... Laissez-moi mourir en paix...

— Vous ne mourrez pas encore, Aulaire!

— Je vais mourir ... et je souhaite mourir, monsieur, mais comme j'ai vécu, couvert de cette vareuse et chargé de ces fers.

— Non! non! s'écria l'abbé Pascal, si la patience et la résignation sont admirables aux yeux du Seigneur qui sonde les reins et les consciences, nous ne pouvons laisser la lumière sous le boisseau, et l'éclat que jette la vertu est salutaire pour la foule. Innocent, levez votre vieux front couronné par vos humiliations passées! flétri par un arrêt que semblait appeler votre générosité, grandissez enfin de toute la hauteur de votre sacrifice! Dieu, la loi, et l'empereur le veulent!

Deux grosses larmes descendirent lentement des yeux du galérien et coulèrent sur sa joue ridée.

Le cercle des assistants se resserrait de plus en plus; on entendait des murmures de joie, des applaudissements contenus par le respect, des mots de fraternelle et respectueuse sympathie.

Le commissaire de marine reprit :

— Aulaire de Rédan, innocent du crime dont il fut accusé, rentre dans la vie civile. Enlevez-lui ses fers, donnez-lui des habits, ouvrez-lui les portes! Qu'il donne dans le monde, où il reprend sa place, l'exemple des vertus que vous avez admirées.

Les forçats se précipitèrent sur le lit de leur compagnon ; ils prenaient sa main, ils auraient voulu briser les chaînes et la manille ; leurs voix entrecoupées laissaient tomber des mots de regret et d'admiration.

— Je le savais bien ! oh ! je le savais bien ! disait Loïc, Aulaire parlait comme un saint, et ses paroles avaient le pouvoir de convertir.

Le vieux galérien, dont Priscille avait demandé la bénédiction paternelle, le remerciait des consolations qu'il lui avait prodiguées ; on ne distinguait dans toutes les bouches que l'éloge du malheureux. Pour lui, accablé par une nouvelle que d'autres auraient accueillie avec transport, il demeurait muet, souffrant au fond de son âme une secrète angoisse.

— Dieu l'a voulu ! dit-il enfin, la vérité s'est fait jour ; je ne l'ai point appelée, je ne la désirais pas..., j'eusse cru, en souhaitant que ses rayons vinssent éclairer ma tombe, perdre le prix de mon sacrifice ! Et qui sait par combien de faveurs le Ciel s'est plu à compenser ma misère ! Quel doux sommeil j'ai goûté dans mes chaînes ! Avec quelle tranquillité se sont enfuies les années de ma captivité... Je voyais au terme de mes maux une félicité sans nuage. Pendant que je partageais les misères de mes compagnons, Dieu permettait que je soulageasse la leur... Je les aimais, ils m'aimaient aussi !... Le peu que j'ai pu faire de bien, je ne l'ai point négligé ; et, je le répète, pour la consolation et l'exemple de ceux qui, comme moi, peuvent être victimes d'une erreur, j'ai su trouver le bonheur même au bagne ! Que me donnerez-vous en échange ? J'ai soixante-douze ans !... où sont les amis de ma jeunesse ? la tombe seule me répondra ! laissez-moi expirer comme j'ai vécu !... je croyais à la rédemption, laissez-moi achever celle que j'ai rêvée.

Aulaire s'arrêta un moment, puis il reprit :

— Je crois que, comme le Christ qui fut envoyé pour être le réparateur des crimes du monde, certains êtres sont destinés par la Providence à supporter le poids des fautes de leurs frères..., permettez-moi de vous développer toute ma pensée... Il y a des hommes qui expient, par leur abaissement volontaire, les orgueils insensés de leurs frères ! J'ai connu, jadis, un poète, homme de génie, au grand cœur et à l'intelligence sublime, qui croyait par les tortures morales, les défaillances de son cœur, les martyres de sa pensée, racheter les folies, les erreurs, les créations coupables, les fautes de ceux qui font des arts un moyen de satisfaire leurs passions insatiables. L'expiation est une des conditions essentielles de la foi catholique, et la souffrance des uns expie la joie coupable des autres. Les *exécutions* d'une soldatesque sans frein, et les iniques jugements des tribunaux secrets ne furent-ils point balancés par le martyre de Jeanne-d'Arc? Lorsque Jean-de-Dieu contrefit l'insensé par pitié pour les malheureux privés de la raison, il acquittait la dette de ces fous... Je crois qu'il y a des crimes et des réparateurs! Innocent, j'ai accepté le châtiment des coupables..., pur, j'ai aimé les accusations, la condamnation des hommes..., ce ne fut point par un intime orgueil qui m'eût fait perdre le mérite de cette immolation..., je crus marcher sur les traces de mon Maître; je crus aux *rédempteurs* qui apaisent sa justice souveraine... Je tremble maintenant de m'être trompé..., vous m'enlevez ma livrée et mes chaînes; Dieu repousse donc mon sacrifice... Si ma vie fut digne d'estime, si, comme je le crois, vous avez pour le galérien des sentiments de pitié, ah! laissez Aulaire de Rédan mourir dans l'asile qu'il accepta, et que Dieu sembla lui désigner en faisant peser sur lui le silence de son frère... Il me fallait la vie solitaire, je l'ai trouvée dans cette foule... Aurais-je obtenu dans le cloître ce que je trouvais ici? Je ne le crois point: ma vocation était de vivre dans ce milieu!

— O mon frère! dit l'abbé Pascal, je vous porte envie.

— Ils ont besoin de vous, monsieur l'abbé..., restez-leur... je m'en vais à mon Père...

— Que faire? demanda au sous-préfet le commissaire de marine.

— Je ne puis me résoudre à désoler ce malheureux vieillard.

— Il ne peut cependant continuer à vivre au milieu de ses anciens compagnons.

— Aulaire, voulez-vous partager mon appartement? demanda l'aumônier.

— Vous accompagnerez chaque jour l'abbé Pascal dans ses visites, ajouta le sous-préfet.

— Mon Père, demanda Aulaire, je dois faire encore ce dernier sacrifice?

— Oui, mon ami...

— Dieu le veut?

— Je le crois!

— Que sa volonté soit faite!...

Les témoins de cette scène étaient vivement émus, Marguery pleurait, Jacques étouffait avec peine des exclamations expressives :

— En voilà un paré pour le Paradis! comme disait M. Cyrille! Nom d'un cabestan! aussi doux qu'une fine brise et courageux comme un vieux timonier! Tonnerre à la voile! s'il voulait tant seulement

s'embarquer sur le brick que M. Pradère vient de gréer, j'en ferais
mon second matelot.

— Et je ne serais pas jaloux, répondit Risque-Tout, le grognard
d'eau salée.

— Monsieur Monvel, dit Aulaire d'une voix plus faible, j'ai deux
grâces à vous demander :

— Parlez, Aulaire.

— Vous m'avez promis de vous occuper de Loïc.

— Je tiendrai ma promesse.

— Je vous recommande encore mon voisin..., l'affection que sa
famille lui garde, le respect dont Simonne et Priscille lui donnent des
preuves me font croire qu'il est loin d'être perverti...

— Votre prière peut beaucoup pour lui, Aulaire.

— N'oubliez pas non plus Louis Hubin..., vous connaissez sa
femme, monsieur l'abbé..., car l'histoire de chaque forçat est liée à
l'un de vos bienfaits... Pemzek le tailleur de pierres a recueilli Rose,
et ses trois enfants..., rendez le mari à l'épouse et le père aux innocents..., il n'a plus que deux ans de peine à subir...

— Oh ! merci ! merci ! disait Loïc en pressant sur ses lèvres la main
d'Aulaire.

— Alors, dit le malade en souriant, tu pourras revoir ta bruyère et
ton clocher à jour...

— Merci ! disait Gervais ; vous serez béni par Priscille.

Et l'on n'entendait, dans cette salle, que des larmes et les actions de
grâce qui accompagnaient le départ du galérien.

— Je demande une dernière faveur, reprit Aulaire, je souhaiterais
être transporté dans la salle commune que j'ai si longtemps habitée.

— On va vous aider à vous lever, Aulaire, et vous débarrasser de
ces chaînes...

— Là-bas..., dit la voix presque éteinte du malade..., dans la salle
Quatre des infirmiers soulevèrent le forçat, et l'on traversa les cours.

Les galériens, compagnons d'Aulaire, étaient réunis dans le dortoir.

— Bleu-de-Ciel ! s'écrièrent-ils, Bleu-de-Ciel !

A ce nom, le visage du moribond s'éclaira d'une joie pure.

— Ils ne me connaîtront jamais autrement, monsieur l'abbé ; je
suis bien leur frère, leur ami, leur conteur.

On le déposa sur son lit de camp ; il n'avait pas même accepté le
mince matelas d'étoupe que l'on accorde à quelques condamnés.

Ses yeux rayonnèrent quand il fut étendu sur cette couche humi-
liante ; son regard appela l'abbé Pascal à son chevet.

— Mon Père, dit-il, Dieu m'exauce..., la loi ni les hommes n'y feront rien..., j'ai vécu au bagne et j'y meurs !...

— Aulaire ! Aulaire ! il faut vivre pour l'exemple de tous !

— L'exemple que j'ai donné vivra dans ces lieux..., est-ce une faiblesse d'être si heureux de quitter la terre ?..

— Non, frère ! non !

— Suis-je obligé de demander à Dieu la vie ?

— O vertu ! murmura le prêtre.

— Monsieur Monvel, messieurs, mes frères..., fit le condamné en se redressant et en donnant plus d'étendue à sa voix presque indistincte, il ne me faut plus que des prières...

— Que dit-il, mon D'eu ? demanda Monvel.

— Le Seigneur lui fait grâce de la liberté, répondit le prêtre.

— Le compagnon va mourir ! disaient les forçats.

— Bleu-de-Ciel nous quitte.

— Aulaire de Rédan expire.

Ces mots se confondirent dans la salle ; le prêtre reçut les derniers veux du malade, il étendit pour la dernière fois sa main sur son front.

Dans la salle, les forçats pleuraient. Ces âmes de bronze se fondaient dans le regret ; leur compagnon, leur avocat, leur frère mourait.

Pour lui, il souriait. Ses derniers regards cherchaient des regards amis ; il paraissait bénir, en les quittant, ses camarades d'infortune ; ses doigts tremblants en désignaient quelques-uns au commissaire de marine qui, à mesure, inscrivait leurs numéros sur un portefeuille.

Le dévouement et la charité devaient remplir les dernières heures de celui qui avait vécu dans le renoncement.

Il faisait une belle, pure et chaude journée ; on avait ouvert les fenêtres, l'air pénétrait dans la salle, le ciel était bleu comme il doit l'être sous les climats des tropiques ; mais ce ciel n'était pas plus limpide que l'âme prête à s'envoler de la prison qu'elle habitait depuis tant d'années. Une irradiation de pureté et de sainteté semblait entourer le front d'Aulaire. Un rayon de soleil se posa sur sa tête et mit un nimbe d'or sur ses cheveux blancs.

On eût dit, à le voir souriant ainsi au trépas, un de ces moines du moyen âge qui expiraient couchés sur une natte grossière, l'âme remplie par avance de la vision des choses célestes.

La vue s'affaiblissait rapidement ; le pouls remontait, le souffle ne ternissait qu'à peine le miroir présenté aux lèvres du malade.

L'abbé Pascal priait tout bas.

— Un crucifix! un crucifix! demanda l'agonisant.

Marguery tira de son sein une croix d'or sanctifiée par le trépas d'une martyre, et Cyrille le missionnaire, après avoir pressé cette relique sur ses lèvres, la posa sur celles d'Aulaire.

— Prions! dit l'abbé Pascal à voix haute, prions pour lui qui pria tant pour nous.

Le prêtre arriva à ces paroles des litanies :

— Par vos travaux, délivrez-nous, Seigneur!

— Par votre agonie...

— Délivrez-nous, Seigneur! répondit la foule.

— Par votre croix,

— Délivrez-nous, Seigneur!

— Par votre mort...

— Délivrez-nous, Seigneur! répétèrent les spectateurs de ce drame si touchant et si élevé.

— Tout est consommé, dit le prêtre..., Seigneur, ne tardez pas à mettre sur le front du juste la couronne immortelle!

L'huile consacrée toucha les pieds, les mains, le front et la poitrine du mourant...

— Me voici! Seigneur, me voici! dit-il comme en extase.

— Ame chrétienne, montez au ciel! dit l'abbé Pascal avec l'autorité sacrée du ministre de l'Évangile.

Sans doute, Aulaire n'attendait que cette parole; il pressa la croix d'or sur sa bouche muette désormais... ses bras se détendirent, sa paupière voila son regard...

Il était mort.

Le prêtre prit avec vénération la main du forçat et la baisa...

Une scène déchirante suivit le trépas de Bleu-de-Ciel : ses camarades se précipitèrent sur le lit de camp où il venait de rendre le dernier soupir; ils se partagèrent les débris de sa vareuse, afin de les garder comme des reliques en souvenir de celui qui s'était fait, pendant sa vie, l'éloquent interprète de la morale et de la vertu.

. . . .

A quelque temps de là, l'abbé Pascal était à table avec des amis quand Martine, sa vieille femme de charge, entra discrètement.

— Monsieur, dit-elle, quelqu'un demande à vous parler.

Les convives s'étaient levés, dans un mouvement de discrétion.

— Veuillez ne point vous déranger, messieurs; s'il est nécessaire je passerai dans mon cabinet.

Puis, se tournant vers Martine :

— Qui cela, *quelqu'un?*

— On ne m'a pas dit de nom, Monsieur.

— Retournez demander, Martine.

La vieille fille revint une minute après.

— En vérité, monsieur, je ne sais que vous dire, cet homme m'a répondu : le 1883, *bonnet rouge!*

— Faites entrer! répondit vivement l'abbé Pascal.

Un homme vêtu d'un gilet rond, en drap brun, d'un pantalon semblable, d'une chemise rousse et d'un chapeau ciré, entra timidement. Sa figure pâle respirait le calme, une grande douceur régnait sur sa physionomie, son attitude était presque digne. Il salua avec respect, garda son chapeau entre ses doigts et demeura muet devant le prêtre.

— Vous êtes libre, mon ami? lui dit l'aumônier.

— Libre, monsieur, oui, c'est vrai : je respire l'air, je jouis du soleil et les routes s'ouvrent toutes grandes devant moi! mais ma liberté est presque un mensonge, par le fait!

— Comment cela?

Le libéré tira de sa poche une feuille jaune, imprimée, et la tendit à l'abbé Pascal.

C'était un congé de forçat.

Pendant que l'abbé Pascal lisait cette triste feuille de route, Claude Amel attachait tristement ses yeux à terre.

— Suis-je libre! s'écria-t-il enfin ; à qui pourrai-je cacher ma triste position? Si l'ouvrage me manque à Vannes, si ma famille me repousse et que mes amis m'abandonnent, je suis donc condamné à mourir de faim dans le creux d'un fossé? Ce passeport proclame mon infamie ; le donner à lire est une honte qui, chaque fois, me brisera le cœur! Les gens qui m'emploieront ne pourront se défendre d'un sentiment de terreur involontaire; le préjugé ne cède pas, même dans les âmes bien trempées; on n'est pas maître de l'espèce d'effroi qu'inspire un homme sortant du bagne. J'aurai à supporter mille humiliations; le pain que je mangerai sera mendié et trempé de mes larmes! Ah! monsieur l'abbé, vous qui avez tant fait pour les malheureux, ne pourriez-vous pas obtenir, qu'au lieu de ce passeport avilissant, on nous en donnât un semblable à ceux qui se délivrent à tous les voyageurs? Je sais que la sûreté de la société exige de grandes précautions; que nous devons, en raison de nos erreurs, être plus surveillés que les autres; mais il y aurait moyen de prévenir le préfet du département où nous serions envoyés en résidence; l'attention de l'autorité serait éveillée sur nous sans que nous puissions en souffrir si notre vie était sans reproche. Les ordres du préfet, transmis secrètement aux agents de la gendarmerie, nous feraient surveiller sans nous empêcher de gagner du pain, et les chefs d'atelier, ignorant de quel triste asile nous sortons, nous emploieraient sans répugnance. Que, dans une manufacture où travaille un libéré, on dérobe un objet, de suite la voix générale dira : — C'est le forçat ! — D'autres ouvriers, presque sûrs de l'impunité, se serviront du malheureux pour cacher leurs vols, persuadés que le misérable galérien sera seul soupçonné et recherché. J'ai maintenant quarante ans, monsieur Pascal, je suis bon menuisier, et je sais encore mon métier de corroyeur; mon père m'avait fait instruire avec soin, et quand j'aurai dépensé la masse que j'ai gagnée au bagne, je me demande si je ne serai point obligé de rompre mon ban pour me faire réintégrer sous les verroux, afin de manger et d'avoir un abri.

L'abbé Pascal demeurait soucieux et pensif; ses convives étaient émus.

— La question que vous soulevez est grave, Claude; elle mérite d'appeler toute la sollicitude du gouvernement... Mais l'heure de ce nouveau progrès n'est pas encore sonnée...

— On a supprimé la marque, monsieur; eh bien ! le passeport du libéré est en quelque sorte pire ! L'homme sur l'épaule de qui le fer avait gravé le T de l'infamie pouvait serrer ses haillons sur sa chair flétrie; mais nous, forcés de montrer à tous ce passeport de galérien, nous n'avons pas la possibilité de conquérir la confiance; auparavant nous serons morts à la peine, ou, pour la seconde fois, nous aurons roulé dans la fange du vice.

— Vous n'avez plus de famille, Claude?

— Non, monsieur.

— Aviez-vous des amis, à Vannes?

— Personne.

— Pourquoi souhaitez-vous y aller?

— Je connais le pays; il me semble que la terre m'aime, si les hommes me repoussent.

— Vous avez raison, Claude, la terre purifie !

— Ah! monsieur l'abbé, il y a six mois, quand je sentais approcher le terme de ma délivrance, je n'étais plus forçat que de nom ; je me disais que les chaînes, les gardiens, les murailles me sembleraient bientôt un mauvais rêve. L'idée de coucher dans un lit, d'avoir des draps blancs et frais, après avoir pendant quinze ans dormi tout habillé sur un banc, ayant seulement pour m'abriter une couverture insuffisante, me réjouissait le cœur! N'ayant plus de parents, je songeais à Bastien, mon camarade d'enfance. Mon corps seul était encore aux galères, mon esprit était bien loin : je revoyais la vieille église de Saint-Paterne, la Ravière, la mer qui lèche doucement le sable près de l'Armor. J'ai tant souffert depuis ma faute, tant gémi pendant ma captivité ; j'ai tant réfléchi sur les causes fatales de l'entraînement qui me conduisit aux assises, que j'ai résolu de vivre en honnête homme. Ces idées, que votre parole a mûries, ont opéré en moi une méta morphose complète! J'ai compté les mois, les semaines, les jours! Aujourd'hui, j'ai cru que le soleil ne se lèverait jamais! J'ai dit adieu à Loïc, je sentais du regret en abandonnant mes pauvres compagnons de chaîne, et maintenant, monsieur, je tremble, je souffre et je m'afflige. Je suis libéré de la peine, mais cette peine m'oppresse encore. Je puis marcher, mais en courbant la tête ; je n'ai plus ni fers, ni manille, mais je dois me présenter à la police ; je ne suis plus en prison, mais on m'impose une résidence...

— Si j'étais la loi, Claude, je ferais une exception en votre faveur ; j'ai lu assez souvent dans votre âme pour connaître le fond de votre cœur. Vous vous repentez, et je crois que vous ne dévierez plus du sentier de la probité; mais pour un condamné qui se repent, combien sortent du bagne plus pervertis qu'en y entrant !

— C'est vrai, répondit Claude.

— J'essaierai du moins de faire pour vous ce qui est humainement possible ; je connais le curé de Saint-Paterne, et vous lui porterez une lettre.

— Tant de bonté, monsieur...

— Si, malgré son désir de m'obliger et sa bienveillance inépuisable, le pauvre recteur ne pouvait convenablement vous caser, revenez ici ; le mystère de mon œuvre se dévoilera bientôt ; et, le premier, vous entreriez dans ces ateliers où tout homme que le regret lave de ses fautes peut se relever devant tous.

— Maintenant, mon ami, avez-vous déjeuné ?

— Non, monsieur, mais...

L'abbé Pascal sonna.

— Martine, dit-il, ajoutez un couvert.

Claude Amel avait les yeux remplis de larmes.

— Moi, monsieur, m'asseoir à votre table !

— Ne suis-je pas votre meilleur ami ?

— Oui, monsieur, mais que suis-je ?

— Un malheureux ! Et à la table de qui mangeait de préférence le

Sauveur des hommes, Claude ? Allait-il au palais d'Hérode ; cherchat-il l'amitié des grands et des riches ? Non ! il entrait, sur sa route, dans la maison la plus humble, ou appelait de loin un homme de bonne volonté qui le regardait de loin avec une curiosité mêlée de crainte et de respect, et il disait à cet homme : — Descendez, Zachée, je souperai chez vous ! Sommes-nous plus grands que le Christ, pauvre Claude ? Sa croix n'est-elle point le grand niveau humanitaire ? Lorsque les hommes comprendront cette vérité, ils auront la science du pardon et celle de l'amour.

En ce moment, Martine entra portant une cuiller, une fourchette, un couteau et un verre.

L'abbé Pascal sourit en lisant le bonheur luire sur le front de son nouveau convive.

— Ah ! monsieur, dit Claude, on sait au bagne que vous êtes riche, que vous avez une famille influente et que vous avez renoncé à tout pour vous dévouer à nous autres forçats ! Allez ! Dieu seul, monsieur l'abbé, vous paiera de tels sacrifices ; mais il n'en est pas un de nous qui ne se ferait tuer pour vous défendre.

— Tous, non, mon ami !

— Il y avait un traître parmi les douze apôtres, monsieur ; mais encore parmi les mauvaises têtes de Brest, on dit que vous avez du sang-froid, et le courage comme la force physique imposent à ces hommes. Vous souvenez-vous du jour où, entrant dans une salle au moment où Mâche-Fer luttait contre un surveillant, vous vous êtes placé entre eux en lui disant d'une voix calme : Si vous devez frapper quelqu'un, donnez-moi la préférence, votre punition sera moins grande ! Le misérable demeura tout interdit, et depuis ce jour il tire son bonnet vert du plus loin qu'il vous aperçoit dans la salle. Avec les galériens, monsieur, la pitié, la douceur, la confiance font mille fois plus que les règlements, la chiourme et la double chaîne. On ne le comprend pas !

— Je le crois, dit l'abbé Pascal.

— Ce qui fait votre force, à vous autres prêtres, c'est le sacrifice que vous avez fait de votre vie. Si un misérable, aveuglé par la colère, vous assassine tandis que vous l'exhortez à la patience ou que vous tentez de détourner son bras criminel, vous recevez la récompense du martyre ! Ayant tout donné, vous ne pouvez plus perdre ! Et le sentiment de votre abnégation est le secret de votre empire !

— Claude, dit le prêtre, si nous trouvions dans les bagnes beaucoup de condamnés comme Loïc, Bleu-de-Ciel, vous et bien d'autres, la tâche serait trop facile, et nous aurions déjà notre récompense en ce monde.

— Ah ! monsieur, pouvez-vous me mettre sur le même rang que Loïc et Bleu-de-Ciel ?

— Que pensez-vous de celui-ci, Claude ?

— Il était victime d'une erreur, monsieur.

— D'une erreur, seulement ?

— Entendons-nous, monsieur l'abbé ; cette erreur, il aurait pu la dissiper ; Aulaire subit volontairement un supplice de cinquante années, disions-nous..., le crime dont on l'accuse a été commis par un homme dont il sait le nom..., ce nom, il ne le dira jamais... Nous avons bien, à Brest, un père qui expie le crime de son fils et se console d'être galérien en songeant que son enfant est libre.

— Je le connais, Claude, c'est le vieillard que l'on appelle Taciturne. Si les romanciers, qui épuisent leur imagination à chercher des sujets de drames, venaient les prendre réels et vivants dans l'enfer d'où vous sortez, quelles œuvres attendrissantes sortiraient de leurs plumes !... Allons, vous avez fini, ami Claude ; nous avons partagé le pain et le sel..., voici votre lettre pour le curé de Saint-Paterne, écrivez-moi dès que vous l'aurez vu.

— Monsieur, dit le libéré en tirant une pièce d'or de sa poche, voulez-vous l'ajouter à la caisse des forçats ?

— Que le Seigneur centuple votre aumône, Claude !

Le libéré salua, gagna lentement la porte, l'ouvrit, se retourna pour considérer encore la pâle figure de l'aumônier ; puis, par un mouvement spontané, il courut vers lui, tomba à genoux et porta à ses lèvres le bas de sa robe noire.

— Que faites-vous, Claude ? demanda l'abbé Pascal confus de cet humble témoignage de reconnaissance.

— Je fais ce qui valut à une pauvre femme la guérison du mal dont elle souffrait, dit Claude en se levant. Monsieur l'abbé, je n'ai qu'un souhait à faire : puisse Dieu garder longtemps ici *l'Ange du bagne* que je quitte en pleurant.

Claude passa la main sur ses yeux, et franchit le seuil sans oser se retourner.

Avec elle, il s'est remis aux travaux des champs (*Voir page* 179)

XV

LETTRES DE GRACES

Dans les deux chambres que madame Pascal avait cédées à Pemzek
et à la blonde Tina, on entendait tout le jour le rouet des fileuses, les

frais éclats de rire des enfants, la voix cassée de la Mandette qui leur recommandait d'être sages.

Le soir, quand rentrait le tailleur de pierres, il trouvait, sur une table couverte d'une nappe blanche, le potage au lard fumant, les choux étalés dans des beaux plats de faïence brune, le cidre écumeux dans les chopines vernissées, et l'étain brillant des gobelets et des fourchettes luisait sous les rayons d'une petite lampe. L'ouvrier mangeait de bon appétit, caressait ses enfants, remettait à la ménagère la paie de la journée, puis, les coudes sur la table ou berçant un des fils de Rose, il écoutait la voix douce de la femme du condamné qui lisait les beaux passages de la Bible et de l'Évangile. La femme pieuse et chrétienne s'arrêtait souvent sur un mot, sur une phrase, et Maudette, de l'âge de l'aïeule, traduisait, commentait, expliquait le passage comme elle se souvenait de l'avoir entendu faire au curé des Boisières.

Souvent, vers huit heures, quand le jour était tombé, une ritournelle de biniou se faisait entendre sous la fenêtre, les huit enfants battaient des mains, ouvraient la porte toute grande ; l'aîné prenait la lampe pour éclairer les pas alourdis du sonneur, et Tennaëc appuyé sur son *penn-bas* entrait dans la salle hospitalière.

— Pemzek, disait-il alors, et vous, Rose et Tina, vous me faites croire que je suis encore en plein Morbihan, à la ferme de Michel où l'on élevait Reine-des-Prés, l'enfant de Madeleine que j'avais adoptée. Tina est blonde comme elle, Rose ressemble à une des saintes de l'église de Josselin, et je puis ici chanter mes *guerz* et mes *sônes* dans la belle langue du pays! Bénie soit l'hospitalité du Léonais.

— Savez-vous des nouvelles, Tennaëc ?

— De fameuses, un joli brick appareille demain, emmenant à son bord des matelots finis, qui plus d'une fois ont brûlé des cierges à Sainte-Anne... Je les connais bien, Jacques et Risque-Tout sont des Arzonnais! et Ivon le mousse sait toutes les chansons du pays. Ne voulaient-ils pas m'engager sur leur navire pour jouer du biniou pendant la traversée... J'ai refusé, Reine serait trop triste ; sans cela, vrai! naviguer avec des francs matelots, ça m'eût été au cœur. Si vous voulez, Pemzek, quelque jour nous ferons un fin gabier de ce brun-ci à la mine éveillée.

— Oui, oui, père Tennaëc, je monterai sur un vrai bâtiment, et j'irai loin, très loin, partout et puis ailleurs encore ; ensuite je reviendrai bien riche, et tout le monde sera heureux.

— Tout le monde est heureux ! dit Tina.

Un soupir étouffé de Rose lui fit comprendre son naïf égoïsme ; elle se leva, serra la main de la femme du condamné et ajouta :

Tout le monde sera heureux, Pierre, tu as raison !

— Oui, père Tennaëc, mais pour que ce soir nous soyons bien sages, sonnez-nous vite un peu de votre cornemuse.

Tennaëc, à leur prière, fut obligé de prendre son biniou pour jouer l'*hanhini goz*. Il lui sembla que, de loin, une voix alternait avec la cornemuse bretonne ; il reprit plus lentement et fit une longue pause après le second couplet.

— On répondit en langue celte, puis tout à coup le chanteur qui se rapprochait sensiblement de la fenêtre commença :

> La gamelle ne profite guère,
> Je maigrissais de jour en jour,
> En march', je restais en arrière,
> M'arrêtant à chaque détour :
> Et puis j'pleurais, et j'm'répétais :
> Qui t'aurait dit, Loïc, que tu mourrais,
> Sans revoir ta bruyère
> Et ton clocher à jour ?

— Loïc ! Dieu du ciel ! c'est Loïc ! fit le tailleur de pierres en descendant l'escalier comme un ouragan. Loïc, est-ce vous, Léonais ?

Moi ! dit Loïc d'une voix joyeuse.

— Mais, est-ce que vous seriez ?...

— Évadé !

— Ah ! dit Pemzek, vous aviez le mal du pays, et ce mal-là on ne le guérit qu'à Saint-Pol.

— Libre, Pemzek, libre et gracié ! Ce n'est pas tout : vous ne dites rien à celui-là ?

Un homme se tenait timidement en arrière, Pemzek le saisit par la main et l'entraîna en face d'une boutique bien éclairée :

— Louis Hubin !

— Libre aussi !

Pemzek gravit les escaliers plus vite qu'il ne les avait descendus :

— Tina ! Rose ! criait-il, ô mon Dieu ! comment le leur dire ?

— Loïc ? le conscrit Loïc ! disaient les enfants.

— Ils savent mon nom ? demanda le soldat attendri.

— Vous leur avez sauvé la vie... répondit Tina. Vous êtes notre frère, Loïc, Pemzek vous l'a dit déjà.

— Ce n'est pas tout, dit le tailleur de pierres... il faut que la fête soit complète... il y aura bien des heureux aujourd'hui... Allons, Rose, prenez vos enfants et remettez-les dans les bras de leur père.

— Hubin ! s'écria Rose, mon mari !

— Il se rendra digne d'une telle femme, répondit Louis en serrant contre son cœur la chère famille retrouvée.

— Le bon Dieu fait des miracles, dit Tina.

- - Louis, fit Rose, voici notre mère, la Maudette.

— Je vous aimerai pour toute la tendresse que vous avez eue pour Rose, répondit Hubin.

— Bon, bon! mes enfants! N'allez-vous pas faire trouver la vie si douce à la vieille aveugle qu'elle ait regret de mourir ?

— Qu'est-il arrivé? demanda Rose impatiente.

— Bleu-de-Ciel est mort, répondit le conscrit en se découvrant.

— Mais avant de mourir il a demandé notre grâce... et comme on ne refuse rien aux saints, nous avons été graciés.

— Et nous reverrons Saint-Pol, dit Pemzek.

— Oui, dit Loïc, nous le reverrons, car :

> J'prenais l'chemin du cimetière,
> L'méd'cin m'croyait perdu sans r'tour :
> — A c'garçou-là, n'y a rien à faire,
> Un bon congé c'est le plus court.
> Aussitôt dit, aussitôt fait,
> V'là ton congé ! Loïc, fais ton paquet,
> Va revoir ta bruyère
> Et ton clocher à jour !

Oui, nous les reverrons, ensemble! Et vous, Hubin, et vous, Rose, que comptez-vous faire?

— L'abbé Pascal a son idée, répondit Louis; je ne puis rentrer dans mon pays, on ne me regarderait pas; mais l'abbé Pascal peut ce qu'il veut, on me concède un peu de terre en Algérie, j'emmène ma femme et mes enfants, et nous devenons colons là-bas, et surtout honnêtes gens.

— L'idée est bonne, dit Pemzek. Quant à ce garçon-là, il a encore sa vieille mère et il doit la consoler et l'assister jusqu'à la fin.

— Mais si j'ai jamais le malheur de la perdre, Hubin, comptez sur moi; voilà deux bras vigoureux à votre service.

— Bien, dit Hubin, vous aurez toujours de mes nouvelles par l'abbé Pascal.

— Je l'espère bien ! dit l'aumônier en entrant.

On se leva avec la promptitude du cœur qui nous fait si vite nous porter du côté de ceux que nous aimons. L'abbé Pascal était l'objet du culte le plus tendre.

— La paix soit avec vous! dit-il d'une voix paternelle en posant les mains sur le front des enfants; oui, la paix soit avec vous, car vous avez bien souffert... Dieu fait la plaie pour la guérir! Il ne vous a point oubliés. Du fond de votre malheur, Louis et Loïc, il vous a tendu une main secourable! montrez-vous dignes de sa bonté et de la générosité de ceux qui ont fait grâce... Les fautes que vous aviez commises étaient le résultat d'une heure d'oubli, on vous les pardonne... nul n'est sévère pour vous. Ne croyez point que vous ne puissiez pas racheter le passé : toute une vie vous reste! pauvres enfants, si vous le voulez, toute une vie de bonheur ! quand vous serez là-bas, en Algérie, Louis, et que vous, Loïc, vous serez au foyer de votre vieille mère, souvenez-vous de vos jours d'épreuve, et si la tentation de mal faire s'emparait de votre cœur, luttez, combattez, triomphez pour tenir la parole que vous m'avez donnée de vivre honnêtement sous l'œil de Dieu. Enfin, si les choses de ce monde ne vous devenaient pas propices, souvenez-vous que l'abbé Pascal ne vous abandonnera jamais!

— Vous êtes l'ange du bagne! dit Loïc en s'emparant de sa main qu'il baisa.

— Silence! fit le prêtre avec humilité, l'ange du bagne, c'était le martyr que Dieu a appelé à lui.

— Bleu-de-Ciel! dirent ensemble Pemzek, Louis et Loïc.

— Il laisse son immense fortune pour fonder un asile destiné à ses frères malheureux. Vous le voyez, même du fond de sa tombe, Aulaire de Rédan vous protégera. Réjouissez-vous en Dieu! aimez-vous en lui, nous allons dire en commun le *pater* des prisonniers.

Sa prière réunit ces âmes reconnaissantes, et l'abbé Pascal les quitta en leur répétant comme le Sauveur :

— La paix soit avec vous.

. . . .
. . . .

Vers la fin d'une belle journée d'octobre, quatre hommes, exténués de fatigue, se traînaient péniblement sur la route de Brest. Leurs vêtements usés, leurs chapeaux informes, leurs pieds nus, gonflés par une marche forcée et ensanglantés par les pierres et les épines, prouvaient assez que le chemin avait été long, et grande la fatigue. Ces voyageurs ne se parlaient point; ils craignaient de voir leurs forces épuisées avant d'avoir atteint le but. Arriver! puis mourir... mais mourir là, protégés par un cœur dévoué à leurs misères, consolés par une voix qui connaissait plus que les paroles de la terre et semblait avoir appris le langage du ciel. Un moment brisés, n'en pouvant plus,

ils s'assirent, ou plutôt ils tombèrent sur un tas de cailloux qu'avaient
cubés les cantonniers; l'un d'eux tira de sa poche des débris de pain
que leur avait jeté l'aumône, ils se les partagèrent; puis, quand ce
maigre repas leur eut rendu quelque vigueur, ils se remirent en
marche.

Deux heures après, le marteau de la porte de l'abbé Pascal retombait presque sans bruit, soulevé par une main affaiblie.

La vieille servante courut ouvrir.

Elle ne demanda point à son maître si elle devait introduire, à cette
heure, des hommes que leur détresse, leurs visages amaigris, leurs
yeux un peu hagards pouvaient rendre suspects; elle tourna le bouton
de la porte du cabinet du prêtre et s'éloigna.

Les quatre hommes demeurèrent un moment immobiles sur le seuil.

Puis le plus âgé prit une résolution soudaine, et se plaçant sous le
rayon clair de la lampe :

— Me reconnaissez-vous, monsieur l'abbé?

— Claude! mon pauvre Claude! répondit l'aumônier saisi de pitié.

Puis prenant la lampe et regardant tour à tour les trois hommes
qui n'osaient avancer:

— Pierre Rouger, Antoine Russel, Jérôme Cointaud!

Il nous reconnaît! il sait nos noms! pensèrent les malheureux, et des
larmes humectèrent leurs paupières.

— Pauvres, pauvres enfants! répéta le prêtre.

Il leur fit signe de s'asseoir, et accoudé sur sa table il les écouta.

— Monsieur l'abbé, dit Claude, quand je suis venu vous dire adieu
je prévoyais ce qui est arrivé... ce qui nous arrive à tous à moins d'un
miracle de la Providence. Je partais résolu à bien vivre, je vous l'avais
promis, il fallait faire honneur à ma parole. Quand j'arrivai à Vannes,
le curé de Saint-Paterne était mort; j'obtins d'aller à Paris; longtemps
je cherchai inutilement de l'ouvrage, mais ayant pu rendre service à
un brave garçon menuisier, il me fit entrer avec lui dans son atelier.
Vous devinez quelle fut ma joie. En faveur de mon nouvel ami, on
passa sur le manque de livret; je travaillais pour trois, le patron me
citait à tous comme modèle. Sobre, exact et dévoué aux intérêts du
maître, je crois que je méritais en effet qu'on me traitât avec égards.
Cela dura deux ans. Un soir, tandis que je rentrais dans mon garni,
un malheureux m'arrête et me demande l'aumône; je tire quelques
sous, je les lui donne... le son de sa voix m'avait frappé, je regarde :
c'était Jérôme !

— Oui, Monsieur, c'était moi, répéta le libéré en baissant la tête.

Claude reprit : — Je le fais monter chez moi, je l'interroge ; il était sans ressources, sans ouvrage, et faute d'avoir du pain il serait peut-être retombé... pardonnez-moi de vous dire ces choses, monsieur Pascal, le bon Dieu sait que je ne cherche point à m'enorgueillir du peu de bien que j'ai pu faire...

Mais vous êtes l'ami, le protecteur, l'avocat des forçats ; par sollicitude pour eux, vous voudriez les suivre même après leur sortie du bagne ; il faut donc que vous sachiez à quel point la misère peut les poursuivre et les torturer, pour que vous en ayez plus de compassion encore, s'il est possible, et que votre pitié pour eux soit constamment en éveil. Je connaissais assez Jérome pour avoir foi en lui.

— Écoute, lui dis-je, tu as mon secret et par conséquent tu es maître du repos de ma vie, je m'en remets à toi... Partage mon lit et mon pain jusqu'à ce que tu trouves à t'occuper ; et si la chance est mauvaise, je gagne assez pour deux, et...

— Oui, monsieur, interrompit Jérome, qui ne put résister à l'élan de sa reconnaissance ; mais ce qu'il ne vous dira point, c'est que je suis tombé malade ; qu'il m'a soigné comme l'eût fait une sœur de charité ; que, le prix des remèdes excédant son salaire, il a travaillé une partie des nuits jusqu'à ma guérison ! Il faut qu'il ait appris tout cela de vous, monsieur l'abbé ! Oui, à Paris, Claude m'a sauvé de la mort, peut-être m'a-t-il sauvé de l'échafaud...

— Bien, Jérome ! vous êtes reconnaissant ; reprenez votre récit, Claude.

— Jérome guéri, cela marchait assez bien depuis un mois, quand, revenant de l'atelier, je trouvai avec Jérome, dans ma chambre, Pierre pâle comme un mort, maigre à faire pitié.

— C'est un ancien, me dit mon camarade..., il avait faim...

— Tu as bien fait, dis-je.

Nous soupâmes ensemble ; la paillasse fut mise en travers, nous ajoutâmes nos habits à nos couvertures, et nous dormîmes.

Le déjeûner fut un peu léger, mais on s'en contenta.

Jérome trouvait, de temps en temps, quelques commissions à faire ; il était si serviable, si rangé, si obligeant qu'on l'occupait avec plaisir. Mes journées me rapportaient trois francs. En mangeant du pain un peu noir, en se privant de vin, on pouvait vivre à la rigueur, ou du moins ne pas mourir de faim ; je repris le travail du soir, le rabot courait jusqu'à minuit ; je doublais presque mon salaire ! Mais le bon Dieu avait ses vues, Jérome rencontra à son tour, sur les bords de la Seine, un malheureux qui, après la longue et vaine attente d'un travail promis, avait résolu de se noyer de désespoir.

Il raconta son histoire au compagnon.

Cette histoire était la nôtre.

— Bah ! dit-il, nous coucherons quatre sur la paillasse.

— Mais vivre ! fit le malheureux qui voulait se suicider.

— Claude arrangera cela ! répondit Jérôme.

Voilà comment Antoine entra chez nous.

Ah ! je dois le dire, monsieur l'abbé, tous cherchèrent à s'employer, et tous apportèrent à la masse l'argent de leur travail. Nous souffrions sans nous plaindre et même presque joyeusement. Un seul homme avait notre secret, c'était notre confesseur. Il nous encourageait, nous soutenait; ses paroles nous rappelaient les vôtres; mais elles manquaient d'onction, et elles nous laissaient froids. Rien n'arrive sans la permission de Dieu, vous me l'avez appris; mes rencontres avec Pierre, Jérôme et Antoine m'avaient procuré un plaisir, plaisir bien vif et bien pur. Nous menions une vie paisible quand, tout à coup, elle fut dérangée à jamais. Dans l'atelier, se présenta un jour un homme bien vêtu qui venait commander un ouvrage de menuiserie assez difficile. Le maître m'appela. A peine me fut-il possible de dissimuler mon trouble, je venais de reconnaître l'un des amis, des élèves de Polichinelle et l'ancien compagnon de chaîne de Jean Millet le bourreau. Il se contraignit mieux que moi et sortit, me laissant très inquiet de cette rencontre ; à l'heure où je quittais l'atelier je le trouvai; il m'attendait.

— Entrons chez un marchand de vin, me dit-il.

Je n'osai refuser et je le suivis. Il comptait m'enivrer, mais j'étais sur mes gardes.

— Combien gagnes-tu? me demanda-t-il brusquement.

— Assez pour vivre ! répondis-je.

— Honnêtement ?

— Oui, honnêtement, et paisiblement.

— Bêtement, alors ! fit-il en éclatant de rire. Écoute, poursuivit-il, le hasard qui nous a fait nous trouver est un malheur ou un bonheur, à ton choix. Tu as mon secret, tu dois être mon complice, sans cela tu me vendrais.

— Te vendre ! jamais ! dis-je. Je te jure le silence le plus absolu ; je ne me souviendrai ni de ton nom, ni de ta commande au maître, ni de ta figure.

— Tu as peur ! me dit-il, et tu promets; mais on ne prend pas sans vert un vieux bonnet rouge.

— Comment vous convaincre, mon Dieu?

— En m'aidant.

— Jamais ! jamais ! m'écriai-je.

— Alors, je te perdrai..., me dit-il.

— Il y a un bon Dieu, répondis-je. L'abbé Pascal m'a dit de me confier en lui, de me remettre dans ses bras comme un enfant, d'éviter le mal et de suivre la route du repentir... Je fais ce que m'a dit l'abbé Pascal. Si tu me trahis, moi qui gagne avec peine le pain de la vie, tu feras une mauvaise action, et si celles-là ne sont pas punies par les tribunaux, elles le sont par la justice du ciel... Mais non ! tu ne trahiras pas mon secret ! car ce n'est pas seulement pour moi que je t'implore, c'est pour ceux qui me doivent l'existence et qui n'ont que mes bras pour la leur assurer...

— Tu es en rupture de ban ! me dit-il.

Je frissonnai.

— Pitié, grâce ! lui dis-je ; aie un bon mouvement dans ta vie. Non, je ne suis pas en rupture de ban, car je n'ai point de surveillance ; mais ta parole peut me perdre.

— Faisons l'affaire à deux.

— Tu ne me feras pas retomber, lui dis-je ; que Dieu dispose de moi !

Deux jours après, quand je voulus reprendre mon travail, les ouvriers s'écartèrent avec mépris pour me faire place.

A l'heure du dîner le patron m'appela.

— Claude, me dit-il, depuis trois ans vous avez été un bon et fidèle ouvrier, je vous suis attaché, je vous plains ; mais...

— Vous savez tout ! m'écriai-je.

— Oui, mon ami ; les ouvriers vont me quitter en masse si vous restez, mon atelier demeurera vide et je serai ruiné.

— Ah ! les préventions ! les préventions ! lui dis-je en pleurant à chaudes larmes.

— Je ne les partage point, je subis celles des autres.

Je sanglotais comme un enfant.

— Êtes-vous sans ressource, Claude ?

— Hélas ! monsieur, lui dis-je, nous vivions quatre sur le produit de mes journées.

— Quatre ?

— Trois pauvres compagnons m'ont demandé du pain, à moi qui avais le bonheur d'avoir de l'ouvrage. Nous partagions.

— Devant Dieu !

— Ce que vous dites est la vérité !

— Eh bien ! restez, Claude ; il ne sera pas dit qu'un homme qui se relève par le travail et la charité manque d'ouvrage et de pain. Amenez-moi vos camarades; formez un atelier nouveau, devenez mes enfants, pour ainsi dire, et laissons ceux qui ne comprennent la vertu que dans l'homme qui n'a jamais failli, vous jeter la pierre et vous accuser.

— Vous êtes bon! vous êtes bon! monsieur, et le Seigneur vous bénira de votre piété. Maintenant, c'est moi qui vous refuse, et vous allez comprendre pourquoi. Dans le quartier, les ouvriers qui se mettent en grève à cause de nous, ne manqueront pas de jaser; on saura bientôt que vous avez pour ouvriers des *libérés*; on désertera la boutique, attendu que les ouvriers, qui vont dans les maisons particulières prendre des mesures et reporter l'ouvrage, doivent inspirer de la confiance. Cette confiance, on nous la retirera... C'est un préjugé ! L'homme qui a commis une faute peut bien n'en plus commettre ! Que voulez-vous? on ne peut ouvrir son cœur blessé, saignant et meurtri pour montrer son repentir... Le vice s'étale, le remords se dérobe à tous les yeux... Devant Dieu, comme devant ma conscience, je me sens plus honnête homme qu'avant d'avoir failli; je ne convaincrai personne... et nul ne me comprendrait si ce n'est l'abbé Pascal ! C'est donc vers lui que je retournerai, monsieur, et que je guiderai mes trois malheureux compagnons. Pour que les forçats trouvassent de l'ouvrage, il faudrait que les maîtres organisassent une association secrète de charité et de dévouement pour eux. Tout forçat quittant le bagne serait pourvu d'un passeport ordinaire et d'un livret, si sa conduite avait été irréprochable. Il saurait à l'avance dans quelle ville, dans quelle fabrique on l'attend. Sa position serait un secret pour tous, hors pour le maître; il ne courrait pas le risque de mourir de faim ou de voler pour vivre... M. Pascal a une autre idée; il veut qu'un même toit nous réunisse repentants, comme une même maison nous a réunis criminels. Nul ne pourra faire de reproches à son camarade; d'ailleurs, ceux que l'abbé Pascal protège sont revenus au sentiment du devoir... Je pars pour Brest, j'emmène les trois malheureux qui se sont unis à moi ! votre nom sera gravé dans mon cœur par la reconnaissance.

— Claude, me dit-il, je parlerai à mes confrères, et nous créerons des ateliers secrets pour vous donner du travail.

— Je le souhaite pour ceux qui viendront, lui dis-je.

Il me remit deux louis, et tout ému me quitta.

Le jour même, nous abandonnâmes Paris. Nous avons fait la route à pied; Antoine est tombé malade dans une auberge, les deux pièces d'or ont été promptement dépensées; nous avons vendu nos habits et nous arrivons couverts de guenilles; mais nous revenons, monsieur l'abbé, la conscience tranquille et osant lever les yeux vers vous

L'aumônier était fort ému.

— Dieu le veut ! fit-il après une pause; une voix secrète m'avertissait que vous reviendriez et que vous seriez les premiers admis dans la maison que j'ai fondée. Je la place sous la protection de Vincent de Paul. Une statue de marbre, placée dans la cour, représente le généreux confesseur de Louis XIII prenant sur les galères du roi les fers d'un malheureux! Dieu le veut! il m'ordonne par la voix de votre misère de me hâter d'ouvrir aux libérés un asile tranquille, de leur distribuer le labeur qui rend plus gai l'esprit et le cœur plus paisible. Tout est prêt. Aulaire de Rédan a enrichi la fondation modeste que j'avais faite, et si le regard de Dieu est sur cette œuvre, elle prospérera.

— Elle prospérera ! dirent ensemble Antoine, Pierre, Claude et Jérôme.

— J'ai eu des nouvelles de Loïc, dit l'aumônier. Pemzek et sa famille sont allés, à Saint-Pol, le conduire dans les bras de sa vieille mère... le pauvre conscrit est heureux; avec elle il s'est remis aux travaux des champs et voit tous les jours le clocher de son village.

— Et Hubin ? demanda Claude.

— Il est devenu colon en Algérie; sa ferme prospère, et j'ai envoyé le rejoindre deux soldats qui ont quitté le bagne il y a six semaines.

— Dieu soit loué du bonheur de ceux-là, dit Claude; il ajouta : Monsieur Pascal, après vous, il y eut un homme au bagne qui nous instruisit et nous consola...

— Bleu-de-Ciel ?

— Oui, monsieur; nous voudrions aller porter sur sa tombe une couronne d'immortelles.

— Jean, le domestique de son frère, est maintenant à mon service; tous ensemble nous irons, demain, au cimetière, prier l'âme de ce juste de bénir une œuvre dont je l'entretins si souvent. Pas un galérien ne sort de Brest sans visiter la place où il repose; c'est un pèlerinage de reconnaissance et d'amitié. Mes enfants, vous êtes las ! vous avez besoin de repos et de soin; voici d'abord les premières ressources pour parer au plus pressé. Et maintenant, à demain, bonsoir, la paix soit avec vous ! car la paix est la sœur de l'innocence comme du repentir, et la couronne de ces deux vertus est la persévérance !

Les quatre libérés sortirent, et l'abbé Pascal, tombant à genoux, s'écria :

— Vous avez fait ma part bien belle, Seigneur! je cherche les brebis égarées et je les rapporte sur mon dos comme vous fîtes vous-
même ! L'âme de votre serviteur est pleine de joie ! elle vous glorifie,
et mon esprit est consolé en vous ! Vous n'avez point regardé la faiblesse de l'instrument et vous m'avez choisi pour cette œuvre ! Oui,
mon Dieu, notre siècle, je le crois, devait, après tant de choses accom-
plies, songer à ceux qui sont tombés ! Pour le crime d'une heure fal-
lait-il ne leur laisser que le ruisseau, la prison ou le suicide? Un asile
pour eux, la pitié pour eux ! la miséricorde et la charité pour eux! au
nom du Sauveur qui conduisit le larron pardonné dans le paradis et
porta sur ses membres le poids des chaînes et le poids de la croix !

L'aumônier demeura perdu dans une méditation sublime, et les
anges répétaient dans le ciel :

Pitié pour eux !

Asile et pardon pour eux !

Amour et miséricorde pour eux, afin qu'il nous soit fait miséricorde.

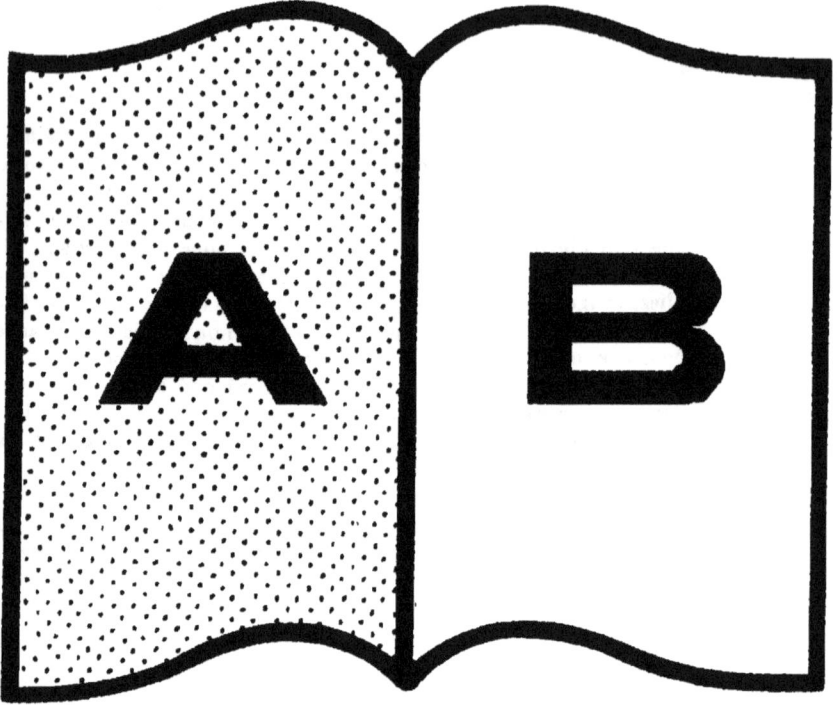

Contraste insuffisant

NF Z 43-120-14

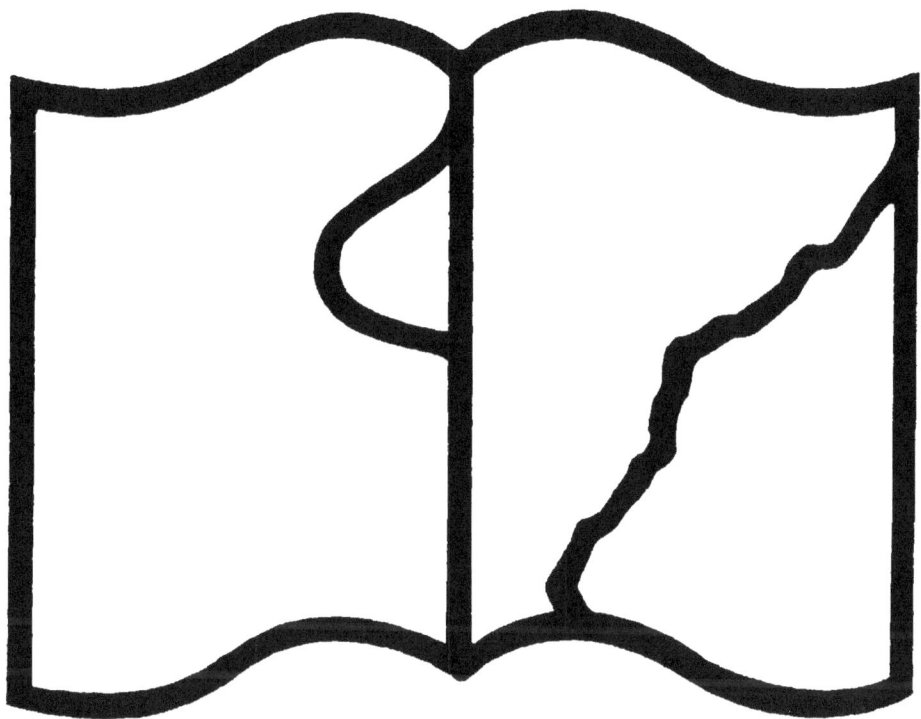

Texte détérioré — reliure défectueuse

NF Z 43-120-11

www.ingramcontent.com/pod-product-compliance
Lightning Source LLC
Chambersburg PA
CBHW072036090426
42733CB00032B/1825